朝日新書
Asahi Shinsho 842

どろどろの聖書

清涼院流水

朝日新聞出版

まえがき

日本人がよく知らない聖書は愛憎劇の宝庫

聖書が人類史上最大のベストセラーであることは、広く知られています。中世までは修道士などが1文字ずつ丁寧に手で書き写して写本をつくっていましたが、15世紀にグーテンベルク（英語名グーテンバーグ）が活版印刷機を発明して以降、聖書は、こんにちまで3200以上の言語に翻訳され、累計発行部数は数千億部と推計されることもあります。今も昔も全世界で連綿と読み継がれているものの、クリスチャン人口の少ない日本では、聖書の内容を隅々まで熟知している方は、そんなに多くないでしょうか（全世界のクリスチャン人口は全人類の約3人にひとり――25億人以上――とされる中、日本人のクリスチャンはカトリックとプロテスタントを合計しても、わずか100万人未満です）。

聖書については、たとえ知的好奇心から興味を持っていても、「辞書より分厚いので読める気がしない」、「カタカナの人名や地名をおぼえられない」、「信仰の話が難しそう」などの理由で手を出せない方も多いはずです。筆者自身も、十数年前に小説を執筆するための資料として聖書を読み込む必要が生じた時、最初のうちは、いざ読もうと何度もトライしては挫折しました。なじみのない人名や地名が多いことも原因だったと思います。たとえば、ヨハネ、パウロ、ルカなどといった聖書に出てくる名前が当時、しっくりこなかったのですが、それらの英語名がジョン、ポール、ルークであると、のちに気づいただけでも読みやすくなりました。ジョンやポールからはザ・ビートルズを、ルークからは映画『スター・ウォーズ』を連想し、急に親しみが湧いてきたのです。筆者自身が、そのような経験をしていることもあり、本書では、人名や地名などカタカナの固有名詞の初出時に（特に強調する場合は複数回）、英語名を添えるようにしています（なにも添えられていない場合は、英語名もほぼ同じ音だとお考えください）。たとえば、リベカ、ラケルといった名前に聞きおぼえがないから、いまいち聖書の物語に入り込めないという方でも、その英語名がレベッカ、レイチェルだとわかれば、「ああっ、それなら聞いたことある！」と嬉しくなって、抵抗感が薄れるケースも多いと思うからです。この英語名表記は、類書では見たことのない、本書だけの特徴のひとつです。

最初はうまく読み進められなかった筆者も、そのような足がかりを得たことで聖書を少しずつ読めるようになり、以来十数年――今では本書の巻末付録「聖書を読みたくなった方のための読書ガイド」でご紹介している日本語訳聖書と英語訳聖書の代表的なものを何度も精読で通読していますし、今後も一生、再読し続けます。いつしか聖書研究は筆者のライフワークとなり、気がつけば、カトリック教会で正式に洗礼を受けてクリスチャン（カトリック信徒）となるまでに至りました。まさに、人生を根底から変えられるほどの影響を聖書から受けた、ということです。聖書には、そのくらい強烈な魅力があります。

そして、聖書には、日本人に限らず、どの国の大衆も大好きな有名人たちのどろどろの愛憎劇――スキャンダルやゴシップ――の宝庫としての一面もあります。初めて読んだ時から、なぜか知っている気がするエピソードが多いと感じられたのは、聖書で描かれる無数の愛憎劇が、古今東西のあらゆるドラマの原型となってきたからでしょう。

愛憎劇を読んでいるうちに聖書にくわしくなる

そもそも聖書って、なに？　と質問されたら、「キリスト教（英語名クリスチャニティ）とかイエス・キリスト（英語名ジーザス・クライスト）のことが書かれている本じゃないの？」と答えられる方が多いのではないでしょうか。それは、新約聖書についてはは当たっています。キリスト教の聖典は旧約聖書（英語名オールド・テスタメント）と新約聖書（英語名ニュー・テスタメント）から成り、旧約聖書は元々はユダヤ教（英語名ジュダイズム）の聖典でした。旧約、新約というのは、神と昔の人たちとのあいだに交わされた約束（契約）の新旧を示しています。翻訳が新しくなった（旧訳から新訳になった）、というわけではありません。

キリスト教はイエス・キリストの教えに基づいていますので、もちろん、イエスが登場する新約聖書があくまでメインですが、その新約聖書には「旧約聖書によって大昔から予告されていた未来が成就《じょうじゅ》した記録」という側面があります。ローマ帝国時代の神学者、哲学者として著名でキリスト教信仰を確立した教父・聖アウグスティヌス（英語名セイント・オーガスティン）は、次のように述べました。

「新約は旧約の中に秘められ、旧約は新約の中で解き明かされる」

推理小説に当てはめるなら、旧約聖書は世界のありとあらゆる謎が提示される「問題編」であり、新約聖書は中心的な事件の真相が解き明かされる「解答編」です。そして、旧約聖書は新約聖書の5倍くらいの分量がありますので登場人物が非常に多く、その中で、実在した歴史人物たちの愛憎劇が無数に描かれています。本書は、そんなどろどろの聖書の愛憎劇の中から特にインパクトのあるものばかりを厳選して51本集めた、いわばベスト・セレクションです。また、それらを通じて、聖書の全体像を把握できるつくりとなっています。聖書のガイド本は何冊もありますが、「どろどろの愛憎劇だけを集めた聖書ガイド」というのは前例が見つからなかったので、本書最大の特徴だと言えるはずです（聖書に出てくる女性をまとめた本はいくつかありますが、それらは愛憎劇だけを扱っているわけではありません）。

ふだん本を読むのは苦手だけれど、週刊誌で有名人のゴシップを読むのはぜんぜん苦痛ではない、という方は多いでしょう。ショッキングな見出しの並んだ週刊誌の記事を読むような感覚でどろどろの愛憎劇を楽しんでいるうちに、いつの間にか聖書の全体像を把握でき、聖書にちょっとくわしくなってしまう……本書は、そんな趣向の本です。

旧約聖書最大の英雄も愛憎まみれ

新約聖書の主役は、もちろん、イエス・キリストです。それに対して、登場人物が膨大な数にのぼる旧約聖書の主役は、ひとりではありません。ただし、極めて重要な人物を何人か挙げることは可能で、もっとも波乱万丈の生涯を送った旧約聖書最大の英雄と言えるのは、紀元前1000年頃にイスラエル王国（英語名キングダム・オブ・イズリアル）の統治を確立した、ダビデ王（英語名キング・デイヴィッド）です。イスラエル民族（英語名イズリアライツ）には元々、王がいなかったのですが、民衆の希望を受けて初代国王となったのが、サウル（英語名ソール）という人でした。ダビデは羊飼いで竪琴《たてごと》を得意としていた少年時代にサウル王に見出され、溺愛《できあい》され、抜擢《ばってき》されました。ですが、めざましい功績を重ねたダビデは当時の人々のあいだでサウル王より人気が出てしまったため途中から王に疎《うと》まれ、いのちをねらわれるようになります。このふたりのイスラエル国王——サウルとダビデ——のドラマもまさにどろどろの愛憎劇で、本書でも第3章でくわしくご紹介しますが、ダビデ王のエピソードとして極めて印象的な、こんな話があります。

イスラエルの国王となったダビデは、ある時、王宮の窓から見える泉で水浴びする美女に目を奪われました。バト・シェバ（英語名バッスィーバ）という名のその女性をダビデ王は呼び出し、彼女が部下の戦士ウリヤ（英語名ユライア）の妻であると知りながら関係を持ち、妊娠させてしまいます。バト・シェバの妊娠を知り慌てたダビデ王は、戦場に出ていたウリヤを呼び戻し、自宅で休むように命じます。ウリヤが自宅で休んでバト・シェバと寝れば、ウリヤの子だと、ごまかせるのではないかと考えたからです。しかし、ウリヤは立派な戦士だったので、「同僚が戦場でいのちを懸《か》けて戦っている今、自分だけ帰宅して休むことはできません」とダビデ王の厚意を拒み、王宮で寝ます。動揺で自分を見失ったダビデ王は、戦場を指揮するヨアブ（英語名ジョアブ）将軍への書状をウリヤに託し、戦場へ送り返します。ダビデ王は、その書状の中でヨアブ将軍に「ウリヤを最前線の戦場に送り込んで殺せ」と命じていました。なにも知らないウリヤは、自分に死をもたらすその書状を上官であるヨアブ将軍に渡し、最前線の戦場に送られて死んでしまいます。

ダビデ王は、生涯を通じて神を崇拝し続け、神からも愛されましたが、このバト・シェバとのダブル不倫は、彼の人生で唯一にして最大の汚点となります。清らかな愛を好む神の怒りを買い、ふたりの第一子は死にます。ですが、ダビデ王が罪を心から後悔したことで、神は彼をゆるし、ふたりの第二子ソロモン（英語名サラマン）は、ダビデ王が築いた王国をさらに盤石《ばんじゃく》のものにして、イスラエル史上最大の王となったのでした。

人類史上最高の賢者さえも愛欲の罠に

ダビデとバト・シェバのあいだに生まれたソロモンは、父の跡を継いで、イスラエル王国をさらに強固にしました。神は、ダビデを愛した延長として、子のソロモンにも愛情を注ぎ、「お前の願いを叶《かな》えてやる。なんでも望みを述べよ」と語りかけます。この時、ソロモンが私利私欲でなく「あなたの大いなる民を治《おさ》める知恵を、このしもべにお与えください」と謙虚に望んだことが神を喜ばせ、神は、ソロモンに約束します。「お前が生きているあいだ、お前の王国に争いが起きることはない。そして、お前には人類史上最高の知恵を与える」、と。つまり、ソロモン王が「人類史上最高の賢者」であることは、神のお墨つきなのです。実際、旧約聖書の中には、ソロモン王の知恵を物語るエピソードがいくつも出てきますし、ソロモン王の作とされる「箴言《しんげん》」、「コヘレトの言葉（伝道者の書）」、「雅歌《がか》」、「知恵の書（ソロモンの知恵）」も収録されています。

神から与えられた人類史上最高の知恵を用い、父ダビデから受け継いだイスラエル王国を最盛期へと導いたソロモン王でしたが、栄華《えいが》を極めたがゆえの失敗を犯してしまいます。王族の子孫を増やすためでしょうが、ソロモン王は７００人の王妃と３００人の側室を抱え、外国から招いた彼女たちの影響により、異教の神々を信じるようになってしまうのです。

このことは、ソロモン王を寵愛《ちょうあい》していた神の怒りを買います。ただ、神は、ソロモン王の存命中は争いを起こさないという固い約束を既にしていたので、ソロモン王の死後に、彼の一族への罰として、王国を分裂させることになります。

ソロモン王の死後、王国は、北イスラエル王国（英語名ノーザン・キングダム・オブ・

イズリアル）と南ユダ王国（英語名サザン・キングダム・オブ・ジュダ）に分裂します。北イスラエル王国はアッシリア帝国（英語名アッシリアン・エンパイア）の侵攻を受けて紀元前722年に滅亡し、南ユダ王国は新バビロニア帝国（英語名ネオ・バビロニアン・エンパイア）に敗北し、イスラエル民族は捕虜として連れ去られます（これが、いわゆる「バビロン捕囚《ほしゅう》（英語名バビロニアン・キャプティヴィティ）」です）。

筆者は最初に聖書を読んだ時、ソロモン王のエピソードに大きなショックを受けました。神が「人類史上最高の賢者」と認めたソロモン王でさえ、神を裏切り王国を崩壊させるほどの失敗を犯したのです。凡人であるわれわれが人生において失敗をくり返すのは、いわば当然なのかもしれません。

ソロモン王は「コヘレトの言葉」で、要約すると、次のような言葉を語っています。

「わたしは天の下に起こることをすべて知ろうとして知識と知恵を極めたが、その結果、悟った。知識も知恵も狂気であり愚かであり、風を追うように空《むな》しいことだと。次に快楽を追ってみたが、それも空しかった。酒に溺《おぼ》れ、愚行《ぐこう》に身を任せてもみた。多くの屋敷を構え、無数の庭園や果樹園を造らせた。金銀を蓄え、各国の秘宝を手に入れた。知りうる限りの快楽と労苦を経験してみたが、すべては空しかった。知恵は愚かさに優《まさ》る。だが、賢者も愚者も等しく死に、すべて忘れられる。人間にとって、もっとも幸福なのは、喜び楽しんで一生を送ることだ。短い人生の日々に飲み食いして、太陽の下で労苦した結果に満足できることこそ神の賜物《たまもの》である。神がその心に喜びを与えられるのだから。すべてに耳を傾けて得た結論としてわたしが言えるのは、『神を畏《おそ》れ、戒《いまし》めを守れ』、ということ。善も悪も、隠されたものはすべて、やがて裁きの座に引き出される」

こんにちのどんな巨大グローバル企業よりも壮麗な王国を確立し、ひとりの人間に可能な極限まで成功をおさめ尽くしたソロモン王が「すべての栄華は空しい」と断定する言葉には重みがあります。イエス・キリストも、「栄華を極めたソロモンも、この一輪《いちりん》の花ほどにも着飾ってはいなかった」という言葉を残しています。物質的な欲望を追い求めるだけの人生からは空しさしか得られないことを、聖書の知恵は教えてくれます。

このように、聖書は、われわれ人類がだれしも陥《おちい》りがちな人生の愛憎劇の陥穽《かんせい》を、これでもかとばかりに見せつけてくれます。現代社会のワイドショーを賑わす著名人たちの愛憎劇は、聖書で描き尽くされた無数の物語の焼き直しにすぎないのでは、とさえ思えるほどです。聖書の物語から気づきが得られたら、どろどろの愛憎劇が渦巻くこの現代社会を生き抜く上で有用な知恵を、身につけられるかもしれません。聖書の中に封じ込められて永遠の時間を生きる先人たちの荒々しい生きざまから、あなたの人生にプラスとなるなんらかのヒントを、本書から得ていただけることを期待しています。

どろどろの聖書　目次

第1章　イスラエルの族長たちの愛憎劇

第3章 ダビデとソロモン時代の愛憎劇

第4章　王国分裂とバビロン捕囚時代の愛憎劇　133

第5章 救世主イエスをめぐる愛憎劇 167

帯・目次・章扉・図版デザイン
杉山健太郎

帯画像
alwekelo / gettyimages

第1章

イスラエルの族長たちの愛憎劇

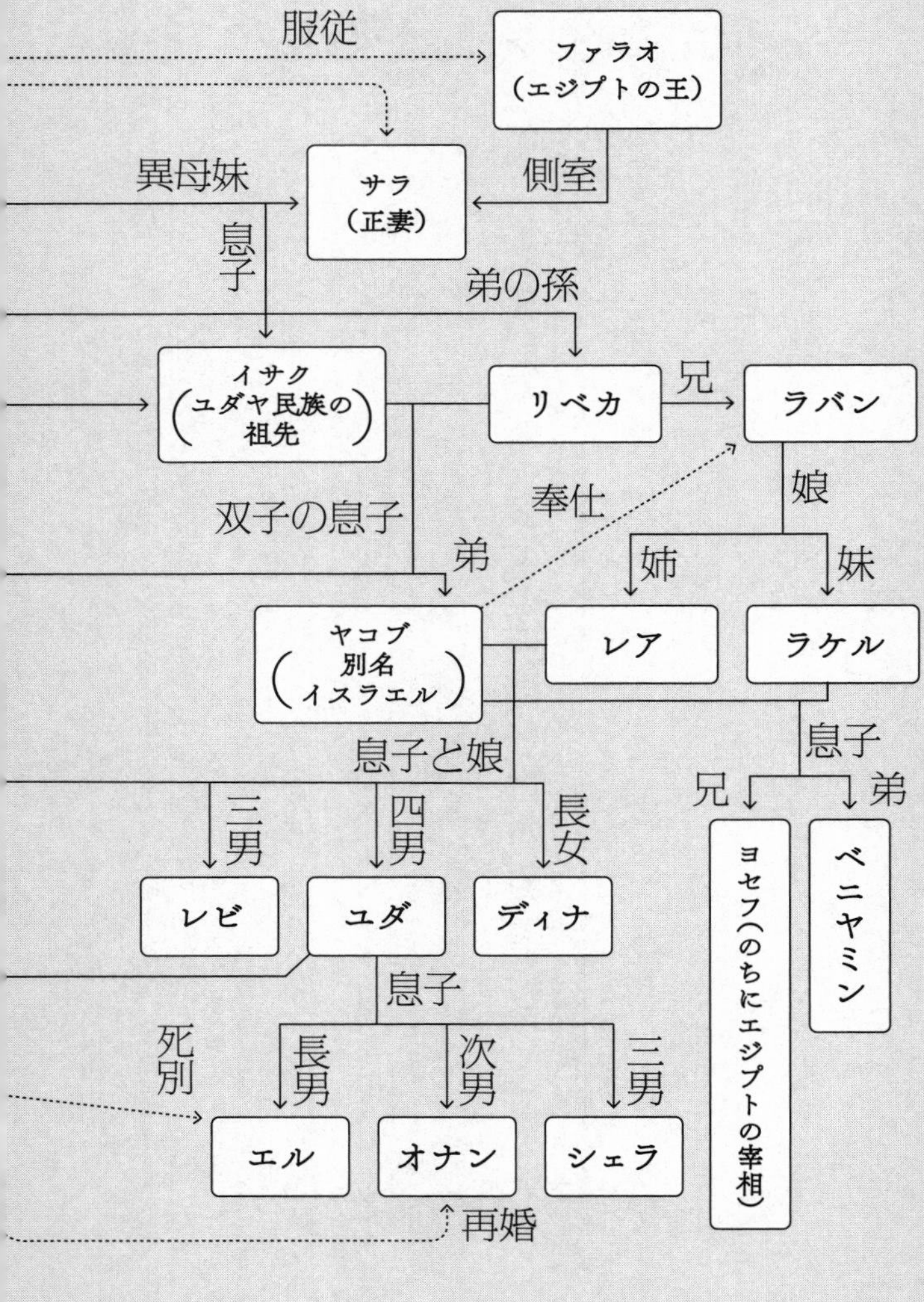
服従
ファラオ（エジプトの王）
異母妹
サラ（正妻）
側室
息子
弟の孫
イサク（ユダヤ民族の祖先）
リベカ
兄
ラバン
奉仕
娘
双子の息子
弟
姉
妹
ヤコブ（別名イスラエル）
レア
ラケル
息子と娘
息子
兄
弟
三男
四男
長女
レビ
ユダ
ディナ
ヨセフ（のちにエジプトの宰相）
ベニヤミン
息子
死別
長男
次男
三男
エル
オナン
シェラ
再婚

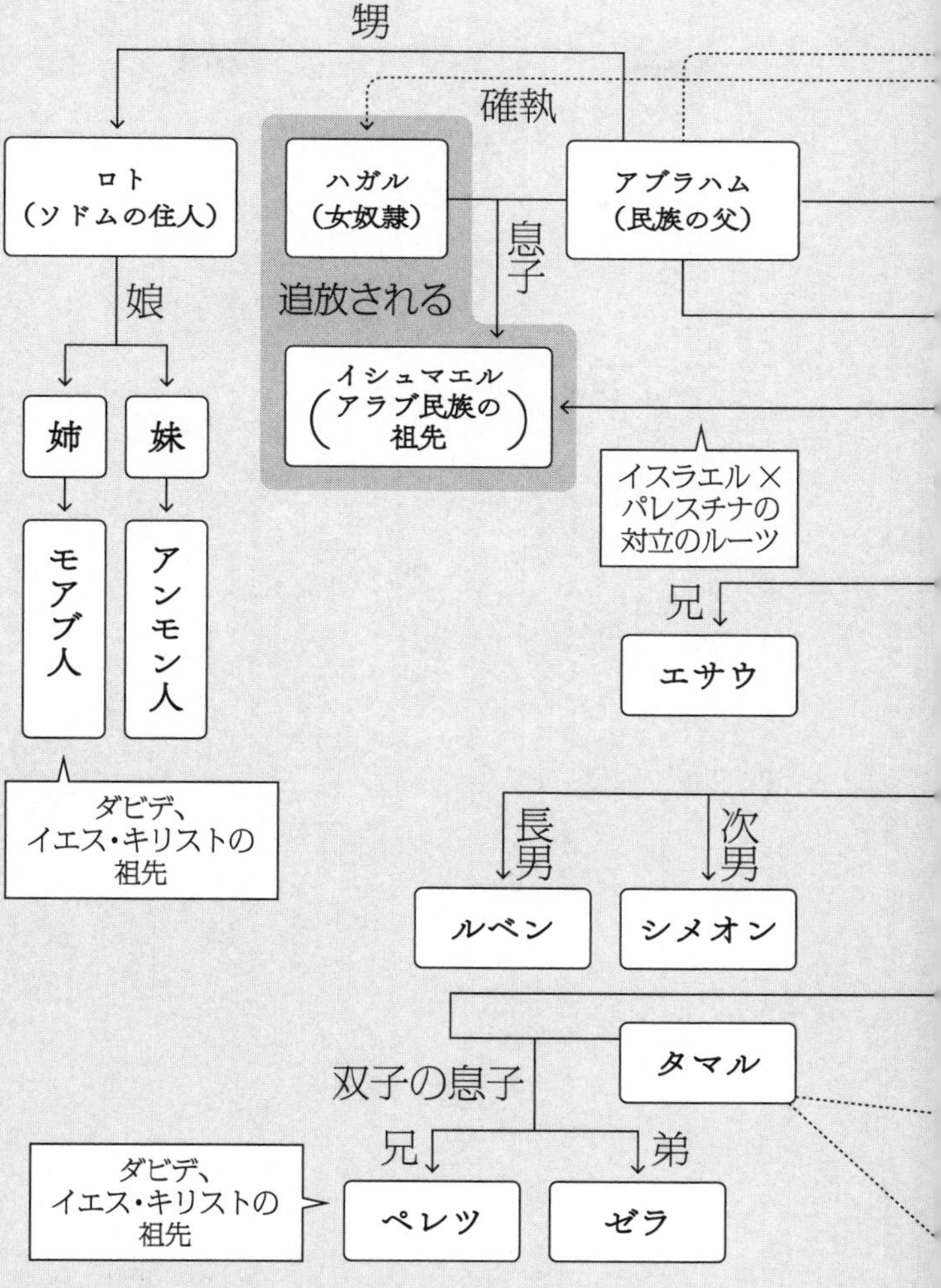

甥
確執
ロト（ソドムの住人）
ハガル（女奴隷）
アブラハム（民族の父）
息子
娘
追放される
姉
妹
イシュマエル（アラブ民族の祖先）
イスラエル×パレスチナの対立のルーツ
モアブ人
アンモン人
兄
エサウ
ダビデ、イエス・キリストの祖先
長男
次男
ルベン
シメオン
タマル
双子の息子
兄
弟
ダビデ、イエス・キリストの祖先
ペレツ
ゼラ

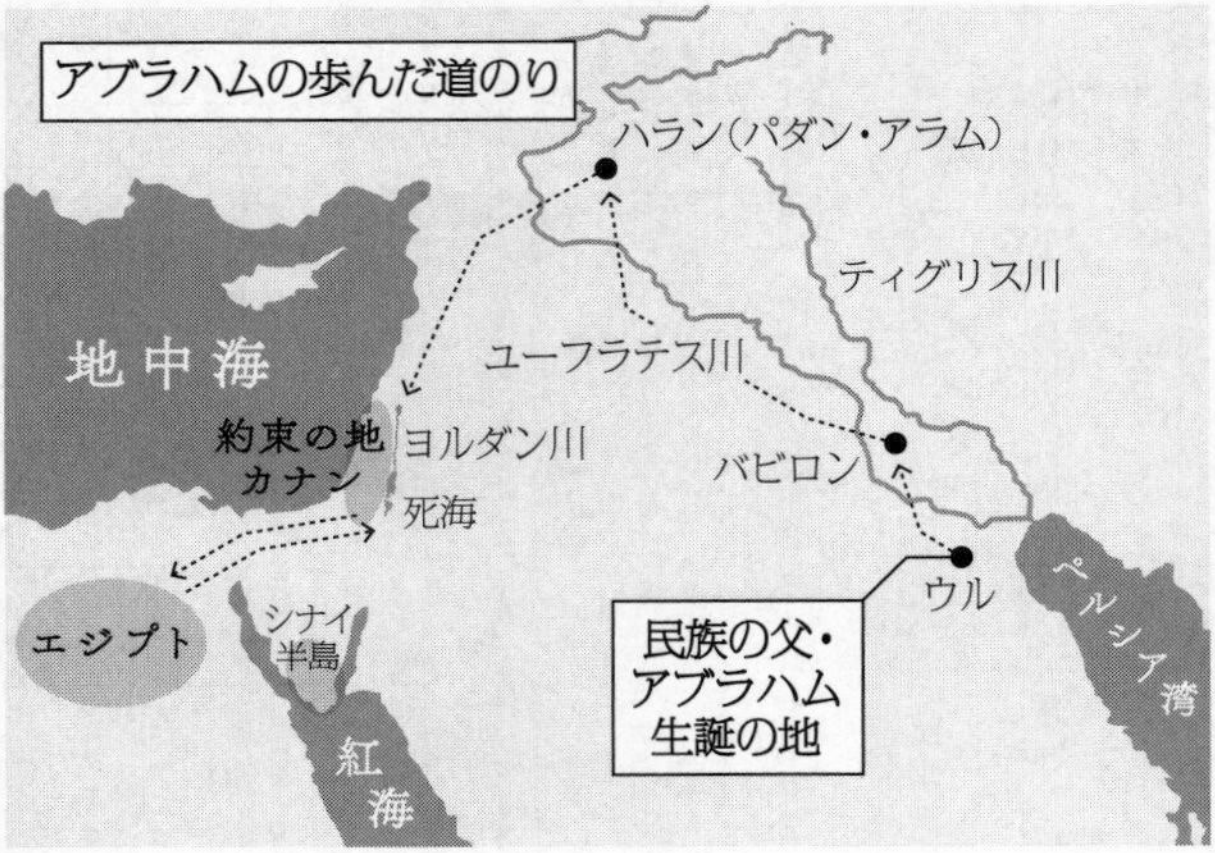
アブラハムの歩んだ道のり
ハラン（パダン・アラム）
ティグリス川
ユーフラテス川
地中海
約束の地
カナン
ヨルダン川
死海
バビロン
ウル
ペルシア湾
エジプト
シナイ
半島
紅海
民族の父・
アブラハム
生誕の地

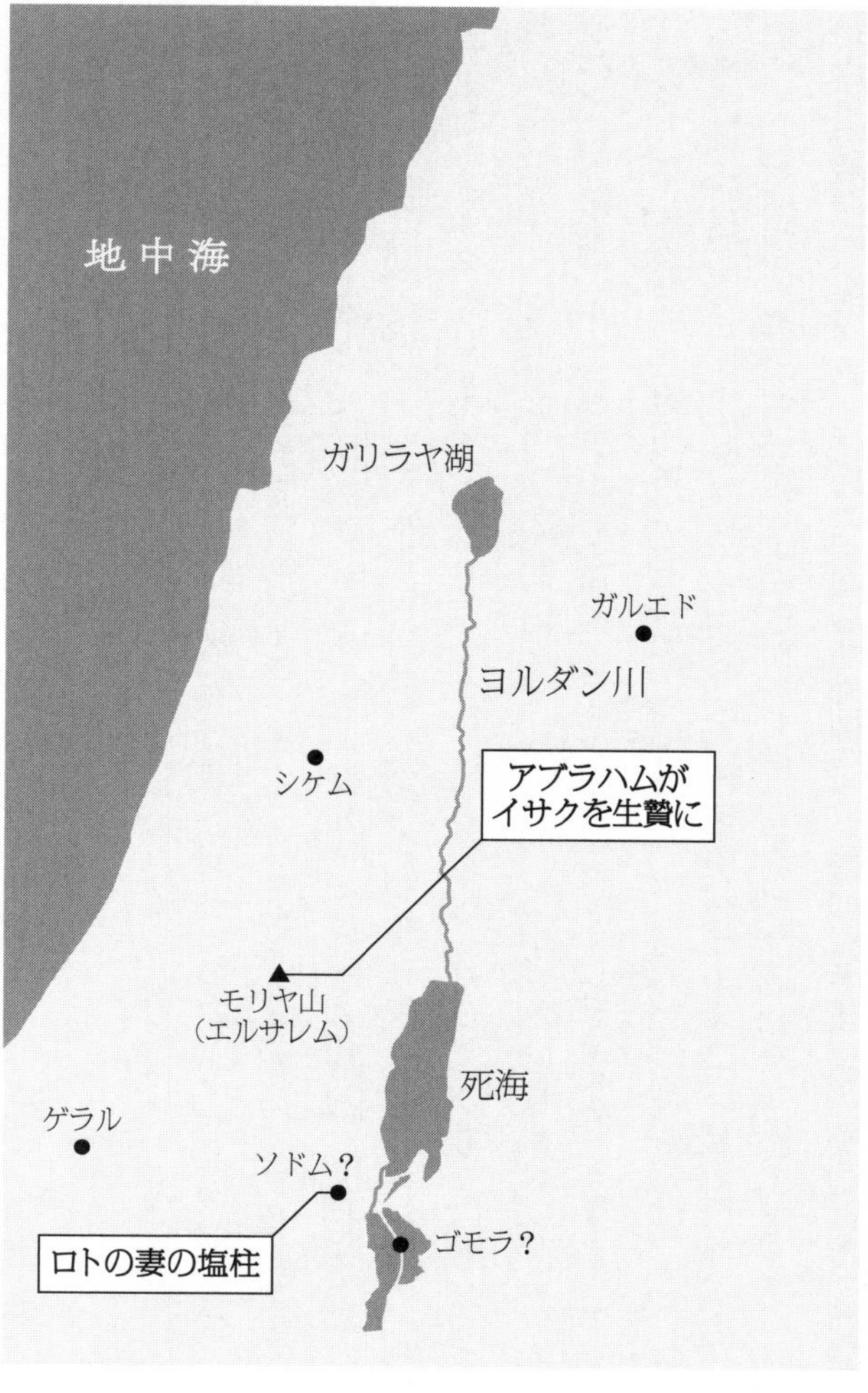
地中海
ガリラヤ湖
ガルエド
ヨルダン川
シケム
アブラハムが
イサクを生贄に
モリヤ山
（エルサレム）
死海
ゲラル
ソドム？
ゴモラ？
ロトの妻の塩柱

偉大な「民族の父」は妻を2度も売った

ユダヤ教、キリスト教、イスラム教（英語名イスラーム）のすべてで「民族の父」と敬われているのが、紀元前2000年頃の人、アブラハム（英語名エイブラハム）です。アブラハムは、ペルシア湾（英語名パージャン・ガーフ）近くの現在のイラクに属するウル（英語名アール）という町の出身です。彼の父が率いていた遊牧民の集団と一緒にユーフラテス川（英語名ユーフレイティーズ）を遡《さかのぼ》って、現在はトルコ（英語名ターキー）領内のハランという土地で暮らしていました。ある時、神から「お前を大いなる民族の父にしよう」と召し出されたアブラハムは、妻サラや甥《おい》のロト（英語名ロット）を連れ、地中海東岸とヨルダン川（英語名ジョーダン・リバー）に挟まれた「カナン（英語名ケイナン）の地」――現在イスラエル国（英語名ステイト・オブ・イズリアル）とパレスチナ国（英語名ステイト・オブ・パラスタイン）のある地域――まで、最短距離でも千キロメートル近い道のりを、はるばる移動しました（創世記11章27節～12章9節）。

古代の通商路があったとはいえ、精確な地図のない時代の話なので、最短距離で移動できたとは考えにくいです。地形の高低差もあるので一概に比較できませんが、日本の本州内に置き換えるなら、東京都から山口県まで踏破《とうは》するくらいの直線距離になります。アブラハムたちが移動した地域の多くは干上がった荒れ野や砂漠、そして山岳地帯でしたから、さぞかし大変な行程だったことでしょう。

アブラハムは、敵との戦闘時に武器を持つ男だけで300人以上を動員した記録もありますので、女子供も含めると数百人規模の遊牧民を率いていたことになります。そんな大所帯を率いていましたので、飢饉《ききん》があった時、アブラハムはカナンの地から数百キロメートルほど移動し、食糧の豊富なエジプト（英語名イージット）に逃れました。そして、寄留先で妻サラの美貌が注目されたら、彼女を奪う目的で自分は殺されてしまうのではないかと恐れたアブラハムは、「サラは私の妹です」と現地人に話していました。アブラハムは事実、サラの異母兄でもあったのですが、自分の身の安全のために、結婚している事実を隠したのです。

現代社会において、「私の妻は美人すぎるので、だれかが彼女を奪うために私を殺すかもしれない」などと考える夫は、少なくとも日本では珍しいでしょう。ですが、アブラハムの場合、夫のひいき目だけではなかったようで、サラは、その美しさゆえに評判となり、ファラオ（エジプトの王）の側室として召し抱えられてしまうことになります。アブラハムは「サラは、実は私の妻なのです」と言い出せないまま、ファラオから家畜や奴隷《どれい》など大量のほうびをもらって、なにも抵抗せず引き下がります。その後すぐに、神がファラオと宮廷の人々を疫病《えきびょう》にかからせてサラの解放を求めたので、彼女は夫のもとに戻りましたが、もし神の助けがなければ、アブラハムの子孫から、やがてダビデやイエス・キリストが生まれることもなかったわけです（創世記12章10節〜20節）。

その後、ゲラル（英語名ゲラー）という土地でアビメレクという王に遭遇した時にも、アブラハムはエジプトでの失敗を活《い》かせずに、またもサラを「彼女は妹です」と紹介。サラは、今度はアビメレク王の側室として召し抱えられてしまいます。アブラハムはこの時も、なにも抵抗せず引き下がるだけでした。ふたたび神の助けでサラは解放されますが、サラからすれば、夫への不満や不信感が強まったとしても無理もないことでしょう。数百人規模の遊牧民のリーダーで、のちに「民族の父」と敬われるアブラハムですが、妻を守るために権力者と戦うのではなく、保身のために妻を差し出すことを選んでしまいました。それでいて、ファラオの時と同様にアビメレクからも結果的には謝罪として家畜や奴隷を受け取っているあたり、要領の良さには驚かされます（創世記20章1節〜18節）。当時は男尊女卑の時代でしたから、妻のサラは、面と向かって文句も言えず、耐え忍ぶことしかできなかったはずです。激しい憎悪ではなかったとしても、失望や憤りなどのネガティヴな気持ちを懸命に抑えていたことは容易に想像できます。

そして、子は尊敬する父と同じ道を辿ってしまうのか、のちに、アブラハムの息子イサク（英語名アイザック）がリベカ（英語名レベッカ）という女性と結婚したあと、イサクも、妻リベカを「彼女は妹です」と言ってゲラルの王アビメレクに差し出してしまいます。神の助けか、イサクとリベカがふたりで戯《たわむ》れている様子をアビメレクがたまたま目撃して真実に気づきます。王はリベカを返し、イサクに対して激怒しました。このアビメレク王は、アブラハムの時と同一人物なのか、同名の息子なのかは研究者にもわからないようですが、どちらにしても、アブラハムとイサク、親子そろって妻を妹として差し出したことについて、アビメレクがあきれ果てたとしても不思議はありません（創世記26章1節〜11節）。

イスラエル民族の偉大なる「族長」と呼ばれ、今では多くの人々から敬われているアブラハムとイサクですが、実は親子2代にわたって保身のために妻を権力者に売り渡してしまうという、人間臭い弱さを感じさせる一面も持っていたのです。

正妻と女奴隷の確執《かくしつ》が現代の民族紛争のもとに

神はアブラハムを召し出した時、彼を「大いなる民族の父」にすると約束したのですが、妻サラは、なかなか身ごもらないまま高齢になっていました。そこでサラは自分の女奴隷ハガル（英語名ハガー）と寝るように、アブラハムに申し出ます。自分のことを「妹です」と言って過去に2度も権力者に差し出した夫に対して、そこまで献身しなくても良いのでは、と筆者個人的には思いますが、立場ある者の子孫をつくることが現代以上に重要な時代だったので、サラなりに必死だったのでしょう。当時の社会状況として、子供ができない妻が女奴隷に代わりに夫の子を産ませることは、珍しくなかったようです。ハガルはアブラハムの子を妊娠し、その優越感から、以後、正妻サラと衝突するようになりました。

いくらハガルが族長アブラハムの第一子を宿したとはいえ、あくまでも彼女は奴隷の身分ですから、正妻のサラと比べれば、当然ながら立場は弱いです。サラにいじめられたハガルは砂漠へ逃げ出しますが、現れた天使に説得されて連れ戻され、アブラハムの長男イシュマエル（英語名イシュミアル）を産みます。その後、サラもアブラハムの子を妊娠したことで、サラとハガルの関係は、いったん修復。サラは、アブラハムの次男となるイサクを産みました。

数年後、イシュマエルがイサクをいじめているのを目撃したサラは激怒し、ハガルとイシュマエルを追放するよう、アブラハムに強く迫ります。困ったアブラハムは神に相談しますが、神が「サラの言う通りにせよ」と言うので、ハガルとイシュマエルを追放することになりました（創世記16章1節〜16節、21章1節〜21節）。

アブラハムとしては、高齢になってようやく授かった第一子である長男イシュマエルを追放するのは、我が身を裂かれるような苦しみもあったことでしょう。ですが、神はサラを支持しましたので、いついかなる時も神を信じて敬うアブラハムとしては、妻の要求に従うしかありませんでした。これは、サラを2度も権力者に売り渡してしまったことへの神罰であろうか——などと、アブラハムは考えていたかもしれません。

そもそもサラからすんなり息子が産まれていたなら、女奴隷ハガルとの関係は単なる主従ですから、両者の確執は生じなかったでしょう。また、ハガルがアブラハムの子を宿したとしても、サラが先に子を産んでいたのであれば、トラブルは小さかったはずです。そのようにひと筋縄《すじなわ》ではいかない「神の摂理《せつり》」は、人間の理解を超えています。

アブラハムの正当な跡継ぎとなったイサクから、のちにユダヤ民族（英語名ジューズ）が生まれ、追放されたイシュマエルからはアラブ民族（英語名エラブズ）が生まれました。アブラハムは、神が彼に約束した通り「大いなる民族の父」となったわけですが、現在でもイスラエルとパレスチナ——ユダヤ人とアラブ人の争いがいっこうに絶えないルーツは、実は、約4000年前のアブラハムの正妻サラと女奴隷ハガルの確執に発端を見ることができるのです。

罪びとの巣窟《そうくつ》から逃げ延びた父娘の邪淫

聖書をよく知らない人でも、「ソドム（英語名サダム）とゴモラ（英語名ガモーラ）」という町の名前は、聞きおぼえのある方が多いかもしれません。ふたつの町では極めて罪深い行為が日常的に行われていたらしく、それは当時は特に禁忌《タブー》と見なされていた同性愛だろうとする説が昔から知られていて、ソドミー（男の同性愛）という英単語もあるほどですが、ソドムで同性愛の行為が行われていたと聖書に明記されているわけではありません。いずれにしても、ソドムとゴモラは、まさに人間たちの愛欲がどろどろと渦を巻く罪の巣窟だったわけです。そうした町民たちのあまりにも罪深い行為ゆえに神はソドムとゴモラを滅ぼすことを決めますが、アブラハムの甥ロトがソドムで暮らしていたので、神は、アブラハムに事前にそのことを告げます。甥ロトが暮らすソドムが滅ぼされそうなことを知ったアブラハムは必死で助命を嘆願し、神は「あの町に10人でも正しい人がいるなら滅ぼすまい」と約束しますが、たった10人も正しい人がいなかったのか、結局、町は滅ぼされることになります（創世記18章16節〜33節）。

天使ふたりが、ロトと、その家族を救出するためにソドムを訪れます。「逃げる時に、ふり返ってはいけない」と天使は警告しましたが、天から硫黄《いおう》が降り注いでソドムとゴモラの町が壊滅した時、ふり返ってしまったロトの妻は塩の柱となってしまい、その場所は現在、「ロトの妻の塩柱」（英語名ピラー・オブ・ロッツ・ワイフ）という観光名所になっています。ソドムとゴモラは滅びてしまったので正確な場所は研究者にもわかっていないのですが、死海（英語名デッド・スィー）の古代の海岸線の南端近く――現在の海岸線における死海南西側のソドム山のあたりではないか、とされています（観光名所「ロトの妻の塩柱」は、ソドム山にあります）。海抜マイナス430メートルのところにある死海は、地表としては地球上でいちばん低い場所ということになります。そのため、神がソドムとゴモラを壊滅させた時にできたクレーターの名残《なごり》が現在の死海なのではないか、と考える人もいます。

ソドム崩壊後、逃げ延びたロトと、その娘ふたりは、山奥に入り父娘3人だけで暮らすようになります。行き場を失ってしまった面もあったのでしょうが、このままでは子孫ができないと焦る娘たちは、父親ロトをぶどう酒で泥酔《でいすい》させて、姉妹で交互に父親と肉体関係を持ちます。いくら子孫をつくるためとはいえ、現代の常識では信じ難い行為です。今まで暮らしていたソドムが滅び、母親が塩の柱になってしまったことで、精神状態がおかしくなっていたのかもしれません。あるいは、愛欲の町で暮らしているあいだに、姉妹も「ソドムの住人」としての罪深い性質を持っていたとも考えられます。

ともかく、姉妹はそれぞれ父親ロトの子を産みました。娘ふたりと3人だけで暮らしていたのですから、彼女たちが妊娠して子を産めば、だれが父親であるかは明らかです。この時、ロトがなにを思い、どう発言したのかは聖書に記されておらず、ロトの登場場面は、これが最後となりました。姉妹が産んだ子供の子孫はモアブ人（英語名モアバイツ）、アンモン人（英語名アマナイツ）となり、アブラハムの子孫であるユダヤ人の天敵となります。その一方で、のちにモアブ人の女性ルツ（英語名ルース）の子孫からダビデとイエス・キリストが生まれることになるのですから、神の遠大なる計画はわれわれ人間の理解を超えて、壮大な謎に包まれています（創世記19章1節～38節）。

息子さえ生贄《いけにえ》にする恐るべき信仰心

年をとってからようやく正妻とのあいだに授かった息子イサクは、アブラハムにとって目に入れても痛くないほど愛《いと》しい存在でした。最初の子イシュマエルを追放したあとは、イサクが唯一の跡継ぎでしたので、尚更です。ところが、そんなアブラハムに神は非情な命令を下します。息子イサクを生贄として捧げよ——、と。

いついかなる時も神を信じ敬うアブラハムも、この時ばかりは、さすがに苦悩します。神はアブラハムを「大いなる民族の父」にすると約束しましたが、イシュマエルは既に行方も知れず、彼のもとにいる唯一の息子イサクを殺してしまったら、どうして民族の父になれるでしょうか。また次の子をつくれ、ということなのでしょうか。

悩み抜いた末にアブラハムは神を信じ、息子イサクをモリヤ山（英語名マウント・モライア）に連れて行き、そこに祭壇をつくり、イサクを実際に生贄として捧げようとします。愛する息子から「お父さん、生贄の仔羊は、どこにいるのですか?」と無邪気に尋ねられた時、アブラハムは「生贄の仔羊は、きっと神が備えてくださる」と曖昧に応えながら、どのような気持ちだったのでしょうか。いくら神の命令とはいえ、自分を心から信じ尊敬している最愛の我が子を殺そうとする苦悩は、察するに余りあります。それでも、最終的には、アブラハムの中で息子への愛よりも神への信仰が勝ちました。

アブラハムは山腹に祭壇をつくり、イサクをその上に縛りつけます。イサクは驚き、恐怖しましたが、父の形相からなにかを悟ったのか、目を閉じ、すべてを受け容《い》れます。

アブラハムは絶望と信仰の狭間で精神が崩壊しそうになりながら、ついに意を決し、最愛のイサクに刃物を振り下ろ――そうとしたまさにその瞬間、天使が空中から現れて彼を制止しました。結果としてイサクは助かりましたが、信頼し尊敬していた父親から殺されそうになった、という体験は、おそらく、イサクの深刻なトラウマとなったことでしょう。ですが、これによってアブラハムの信仰は神に認められ、息子イサクとともに、以後は死ぬまで神に寵愛され、親子そろって、大きな恵みを受け続けることになります（創世記22章1節～19節）。

なお、このモリヤ山は、のちにイエス・キリストが十字架に磔《はりつけ》にされるエルサレムにあり、神がアブラハムに命じた「子を生贄にする」という行為は、「父なる神」自身がのちに全人類の罪を贖《あがな》うために我が子イエス・キリストをこの場所で生贄にする、という予告でもあったのです。

母と弟が共謀して父と兄を出し抜く

親族同士で結婚することが当時の遊牧民の慣習でしたので、アブラハムは、息子イサクが親戚と結婚することを強く望みました。イサクが結婚したリベカは、アブラハムの弟の孫にあたる親戚でした。イサクとリベカは結婚し、ふたりのあいだには双子が生まれます。兄がエサウ（英語名イーソー）、弟がヤコブ（英語名ジェイコブ）です。エサウは狩人となり父イサクに愛され、母リベカは穏やかな性格のヤコブをかわいがりました。両親が子供たちを均等に愛することが本来は理想なのでしょうが、子供が複数いれば、どうしても相性や好みによる偏《かたよ》りが生じてしまうのでしょう。イサクがエサウばかりを愛するので、リベカはバランスをとるためにヤコブをかわいがった、という面もあったのかもしれません。ともかく、両親の子供たちへの愛情の偏りが、一家に愛憎劇をもたらすことになります。

ある時、弟ヤコブが鍋で煮物をつくっていると、狩りから戻った空腹の兄エサウが、その鍋を食べさせてほしい、と言ってきました。ヤコブが「兄さんが長男の権利をわたしに譲ってくれるなら、食べさせてあげます」と切り出すと、エサウは「長男の権利など、どうでも良い」と、くちを滑らせてしまいます。エサウは長男の権利を本気で放棄したわけではなく、その時は、ただ空腹を満たしたかっただけでした。言葉による誓いに大きな意味があることを、彼は知らなかったのです（創世記25章19節〜34節）。

その後、晩年期に入ったイサクは肉体が衰えて、目がほとんど見えなくなっていました。イサクは長男のエサウを祝福して正式に家長を継がせるべく、呼び出します。

「エサウよ、お前を家長として祝福するから、わたしの好きな料理をつくってくれ」

父の求めに応じるべく、エサウは狩りに出かけました。それを物陰から見ていたリベカは、兄のフリをして父から祝福を受けるように、愛する子ヤコブに命じます。イサクはもうほとんど目が見えないので騙《だま》せる、と、リベカは言うのです。ヤコブをかわいがっていたのだとしても、父親を騙すように母親が息子をそそのかす、というのは切ない話です。ヤコブは「声でバレるよ」と抵抗しますが、リベカは「エサウは獣のように毛深いから獣の毛を触らせれば、ごまかせるはず」と説き伏せ、ヤコブをイサクの寝室に送り込むのでした。

「エサウよ、もう戻ったのか？　だが、その声……お前は弟のヤコブではないのか？」

ヤコブは母リベカから指示された通り、「お父さん、なにを言うんです。わたしはエサウです」とウソをつき、持参していた獣の毛を父に触らせます。イサクはその毛深い感触から彼がエサウだと信じて、家を継がせる祝福をヤコブに与えてしまいました。

帰宅後、そのことを知ったエサウは「わたしにも祝福を与えてください」とイサクに頼みますが、家長を継承する祝福は1回限り有効で、取り消すことのできないものでした。エサウは怒り狂って弟を殺そうとしますが、それを事前に察したリベカがヤコブを逃します。弟が兄に抜け駆けして家長を継いだら、そうした事態になるのは予想できそうなものですが、ヤコブとしては母親に翻弄された形です（創世記27章1節〜45節）。

次の愛憎劇で紹介するできごとを経てヤコブが20年後に故郷に戻った際には、地元で財産を成したエサウと和解することになりますが、ヤコブの子孫であるイスラエル民族と、エサウの子孫エドム民族（英語名イーダムス）は、のちのちまで根深い敵対関係となってしまうのでした（創世記32章4節〜22節、33章1節〜20節）。

娘の婚約者の寝室に別の娘を送り込む父

兄エサウの怒りを買って故郷を逃げ出したヤコブは、母リベカの兄で、ハランの別名とされるパダン・アラム（英語名ペダン・エイラム）で暮らす伯父ラバン（英語名レイバン）を頼りました。ラバンの美しい娘ラケル（英語名レイチェル）に出会うと、ヤコブはすぐさま恋に落ち、「ラケルとの結婚を認めてくださるなら、あなたのもとで7年働きます」と約束します。ラバンは「よその男に娘をやるより、親戚であるお前に嫁《とつ》がせるほうが嬉しい」と、これを快諾しました。

ラケルと結婚するため、ヤコブは7年間、誠実に働きました。そして、ついに結婚の日を迎えます。ラバンは土地の人たちを集めて盛大な祝宴を開き、その夜、ヤコブは花嫁と結ばれました。ところが、朝になってみると、ヤコブのとなりに寝ていた女性は、愛するラケルではなく、あろうことか、ラケルの姉レア（英語名リーア）でした。ヤコブはショックでしばし放心したのち、レアをその場に残して伯父ラバンのところへ行き、彼に事情を問い詰めます。

「われわれの風習として、妹を姉より先に嫁がせるわけにはいかんのだ」

ラバンはそう答えましたが、だからと言って、結婚を条件に7年も働かせておいて、婚約者の寝室に、初夜に花嫁の姉を無断で送り込むというのは、無茶苦茶な話です。おそらくヤコブは憤怒《ふんぬ》の形相をしていたのでしょう。ラバンは「約束通り、妹ラケルも、お前に嫁がせるから」と慌てて弁解しつつ、こうつけ加えることも忘れませんでした。

「ただし、姉妹ふたりと結婚するのだから、もう7年、働いてもらわねばならんな」

こうしてヤコブは、合計14年を伯父ラバンのもとで働くことになりました。ラバンもさすがに譲歩し、レアと結婚した直後にラケルとも結婚することを承諾しました。ラケルと結婚できた喜びの中、2度目の7年間もヤコブは伯父のために懸命に働きました。

ヤコブは姉レアより妹ラケルを常に愛しましたが、先に子を授かったのはレアでした。レアが男子4人を産んでもラケルはまだ子を授からず、ラケルの女奴隷がヤコブの息子をふたり、続いて、レアの女奴隷もヤコブの息子をふたり産みました。レアは、さらに男子ふたりと女子をひとり産み、その後、ヤコブの11番目の息子として、ラケルがヨセフ（英語名ジョセフ）を産みます。愛するラケルとのあいだにできた初めての子なので、以後、ヤコブは子供たちの中で、ヨセフをいちばんかわいがるようになります。

ついに愛妻ラケルとのあいだに息子ヨセフが生まれた頃、ヤコブは故郷に戻ることを決心してラバンに交渉しましたが、伯父は、なかなか認めてくれません。実は、ヤコブが来てからラバンの家畜は増え、生活が豊かになっていました。ラバンは、占いによってヤコブが神に愛されていることを知り、自分に富をもたらすヤコブを、なにがなんでも手放したくなかったのです（創世記29章1節〜35節、30章1節〜43節）。

ヤコブはラバンと相談し、以後は利益をめぐって諍《いさか》いが起きないように両者の家畜を区別するようにしたところ、さらに6年が経過するあいだに、ヤコブの飼育する家畜のほうばかりが増えて豊かになりました。ラバンの息子たちは「ヤコブが父の財産を奪った」と不平を言い、ラバンは次第にヤコブを憎悪するようになります。

神が「ヤコブよ、故郷に帰りなさい、わたしは、あなたと共にいる」と語りかけてきたので、ヤコブは意を決して妻ふたりと子供たち、そして使用人を連れてラバンのもとを逃げ出しました。慌てて追いかけてきたラバンは、「わたしの娘や孫をさらって逃げるつもりか！」とヤコブを叱責《しっせき》しますが、ヤコブは「わたしは、あなたのために20年も働いたのです」と言って譲りませんでした。ふたりは、その場所に石塚を立て、「証拠の石塚」を意味するガルエド（英語名ギャリエド）と名づけ、以後はそれを越えて相手の地方へ入らないように約束し、別れたのでした（創世記31章1節〜32章1節）。

妹を凌辱《りょうじょく》され暴走した兄ふたりの蛮行

ラバンのもとを去り、妻子や使用人たちと故郷に帰る途上、夜中にヤコブがひとりで行動していると、人の姿になった神が現れ、ふたりは夜明けまで格闘し続けます。粘り強く闘い続けたヤコブはこの時、神から「イスラエル」（=彼は神と闘う）という称号を授かります。もちろん、人間が神に本当に勝てるはずはありません。神は最初にアブラハムを「大いなる民族の父」として召し出し、その子イサクを祝福し、次の族長となるべきイサクの子ヤコブの資質を試す意味も含めて、戯《たわむ》れたのだと考えられます。のちに、「イスラエル」はヤコブ個人だけでなく、彼の12人の息子の子孫である「イスラエル12部族」をも示す言葉としても広く使われるようになります（創世記32章23節～33節）。現在のイスラエル国も、もちろん、ヤコブが神から授かったこの「イスラエル」が国名の由来です。

ヤコブの子は12人の男子だけでなく、レアとのあいだに授かった娘もひとりいて、ディナ（英語名ダイナ）という名でした。ヤコブたちが故郷カナン地方に戻ったあと、デイナが別の土地の娘に会いに出かけたある日、シケム（英語名シェカム）という男がディナの美しさに目を奪われ、彼女を強引に連れ去り、辱《はずかし》めました。それは衝動的な行為でしたが、シケムは関係を持ったディナに惚れ込み、彼女と結婚したい希望を父に伝えます。シケムと彼の父はヤコブと息子たちのところへやって来て、シケムとディナの結婚を認めてほしい、と告げます。ディナを一方的に襲っておいて、身勝手な話です。

ディナが辱められたことを知った彼女の兄弟たち——特に同じ母レアから生まれた6人の兄弟——は嘆き悲しみ、怒り狂います。ディナの兄たちの中で、ヤコブの次男シメオンと三男レビ（英語名リーヴァイ）のふたりが、復讐のために一計を案じました。シメオンとレビは、妹を辱めたシケムと彼の父に、次のような提案をしたのです。

「アブラハム、イサク、ヤコブに連なるわたしたち一族の男は全員、神との契約の証《あか》しとして、割礼《かつれい》（男性器の包皮の切除）を行《おこな》っています。ですから、われらの妹ディナを割礼していない一族の男に嫁がせるわけにはいきませんが、もしあなた方の一族の男子が全員、割礼を受けるというのであれば、喜んで結婚を認めましょう」

シケムと彼の父は、その提案を喜んで受け容れました。シケムと彼の父は町の有力者だったので、彼らの呼びかけに従って、町の男たちが全員、すぐさま割礼を受けました。ただし、割礼というのは包皮を切除する外科手術ですから、当然ながら、術後しばらくは激しい痛みが伴います。シケムの町の男たちが痛みに苦しんで寝込んでいるところへ、シメオンとレビが剣を持って町に入り、男たちを全員殺し、女子供は捕虜にし、家畜をすべて奪いました。

妹ディナが受けた辱めの復讐とはいえ、この度を越した蛮行《ばんこう》はヤコブたち家族の総意ではなく、シメオンとレビふたりの行き過ぎた暴走でした。この行為によって、ふたりはヤコブから家長を継ぐ権利を喪《うしな》います。なお、長男ルベン（英語名ルーベン）は別の時に父ヤコブの側女《そばめ》と密通したことが発覚して、やはり家を継ぐ権利を喪ったので、12人兄弟の中で、結局、四男のユダが家長の権利を得ることになります。そして、このユダの一族から、のちにダビデとイエス・キリストが誕生することになります。

生意気な態度の弟を殺そうとする兄たち

ヤコブは、彼の12人の息子のうち、11番目に生まれたヨセフ（英語名ジョセフ）を特に愛しました。それは、ヤコブが心から愛するラケルとのあいだに授かった最初の子だったからです。その後、ラケルはヤコブの12番目の息子ベニヤミン（英語名ベンジャミン）を産んだ時に難産のため亡くなってしまいましたので、下のふたりの息子は、ヤコブにとっては愛妻の忘れ形見としても特に大切な存在でした。ヨセフとベニヤミンに、ヤコブは愛するラケルの面影《おもかげ》を見ていたに違いありません（創世記35章16節〜20節）。

ヤコブは12人いる息子たちの中でヨセフを特別にかわいがるあまり、彼にだけ晴れ着をつくってあげるほどでした。11番目の息子であるヨセフばかりがかわいがられていることに対して10人の兄たちは面白いはずがなく、彼らは弟ヨセフとまともに口をききませんでした。そんな中、当のヨセフは、自分が見た夢を無邪気に兄たちに語ります。

「夢の中で、わたしたちが麦の束《たば》を結《ゆ》わえていると、わたしの束だけがまっすぐに立ち上がり、兄さんたちの束がまわりに集まってきて、わたしにひれ伏したのです」

兄たちは「11番目に生まれた弟の分際で、お前が俺たち兄弟全員の王になるとでも言うのか！」と激怒しますが、ヨセフは気にせず、さらに、別の夢の話もしました。

「聞いてください。夢の中で、太陽と月と11の星が、わたしにひれ伏していました」

ヨセフを溺愛する父ヤコブも、さすがに、この時ばかりは苦言を呈《てい》しました。

「愛するヨセフよ、わたしもお母さん（存命中のレアのこと）も、お前の兄たちも、みんながお前に服従するというのか？　そんな現実離れした空想を語るものじゃない」

それでもヨセフが反省して謙遜する様子を見せなかったので、兄たちはいよいよ憎悪の念を強めます。ある時、家から離れた場所で兄たちはヨセフを襲って晴れ着を奪い、穴に突き落とし、立ち去ります。自力では脱出できない深い穴で、中には食糧も水もないので、そのまま放置すればヨセフが死んでしまうのは明らかでした。

長男ルベンが「さすがに弟を殺すのは良くない」と、ほかの兄弟を説得し、救出に向かった時には、ヨセフは穴から消えていました。兄弟たちと父ヤコブはヨセフが獣に殺されてしまったと信じて、絶望します。実際には、ヨセフは、通りかかった商人によって拾われ、エジプトに売られていたのでした（創世記37章1節～35節）。そして、次の次の愛憎劇で紹介するように、彼ら兄弟は、のちに意外な形で再会することになります。

子供欲しさに遊女に化けて義父と寝た女

ヤコブの四男ユダの長男エル（英語名アー）は、タマル（英語名ティマー）という女性と結婚しますが、エルの行動が神の意に反していたため彼は急死し、タマルは若くして未亡人となってしまいます。当時のイスラエル民族には、兄弟が妻を残して死んだ場合、亡くなった兄弟の代わりにその妻と子孫を残す風習（レビラト婚）がありました。父ユダの命令で次男オナンはタマルと関係を持つことになりますが、仮に子供ができても、それは自分ではなく亡き兄の子という扱いになるのが嫌で、オナンは、子供ができないように子種を地面に出すようにしていました。これが自慰行為（オナニー）の語源となるわけですが、神の怒りを買ったオナンも急死します。それを受けて、ユダは「わたしの三男シェラが成人するまで、しばらく実家で暮らして待っていてほしい」と、タマルに告げます。ですが、シェラが成人しても、タマルに声がかかることはありませんでした（創世記38章1節〜11節）。

その後、ユダの妻が亡くなり、用事を済ませるため彼が近くの町に来ると知ったタマルはヴェールで顔を隠して、義父ユダに接近します。ユダは彼女が義理の娘タマルだと気づかず、遊女だと思って声をかけました。タマルは遊女のふりをしながら、「わたしと寝た証しとして、あなたのその印章と杖をくださいますか」と、ユダに願い出ます。ユダは彼女に魅了されていたので了承し、彼女と関係を持ち、そして、タマルは義父の子を宿しました。このタマルの行為は現代の感覚だと不道徳な感じもしますが、タマルとしては、ユダの息子たちと子供をつくれないことに対する報復としての実力行使だったのでしょう。

その後、「タマルが、だれかの子を身ごもりました」という知らせを聞いたユダは義理の娘が犯した姦淫《かんいん》の罪に激怒し、「あの女を引きずり出して、焼き殺してしまえ！」と命じます。自分は遊女と寝ておきながら、義理の娘がだれかの子を宿したと聞いたら激怒して殺害を命じるというのは、あまりにも自分勝手すぎますが、それも含めて、すべては神の摂理でした。

タマルは義父ユダに使いを出し、「わたしは、この印章と杖の持ち主によって身ごもりました」と、ユダから受け取っていた証拠を示しました。ユダはすべてを悟り、「彼女にシェラを与えなかった、わたしのあやまちだ……」と、反省します。

タマルは義父ユダとのあいだに宿した双子を産み、兄はペレツ（英語名ペレーズ）、弟はゼラ（英語名ゼーラ）と名づけられました。このペレツの子孫から、のちに、ダビデとイエス・キリストが生まれることになります（創世記38章12節～30節）。

囚人から宰相《さいしょう》に上り詰めた男の復讐劇

兄たちに憎まれて穴に突き落とされたあと、商人に拾われてエジプトに売られたヨセフは、ファラオの宮廷の侍従長であるポティファル（英語名ポティファー）の家で有能な管理人として才覚を示し、出世します。ところが、ヨセフの美しさに魅せられ何度も関係を迫ってきたポティファルの妻を拒んだことで、逆に彼女を襲おうとした濡《ぬ》れ衣《ぎぬ》を着せられ、囚人となってしまうのでした。

ヨセフは牢屋に入れられてからも腐ることなく、ほかの囚人たちの夢から未来を読み解く「夢解き」の能力を発揮して、存在感を示しました。それが注目され、のちにファラオから呼び出されます。ファラオの見た夢から今後7年の豊作が続いたあとに7年の飢饉が来ると予言し、その対策を告げたヨセフは、囚人の立場から一転、エジプトの宰相（ファラオに次ぐ地位）にまで大抜擢されたのでした（創世記39章1節〜41章45節）。

その後、ヨセフの「夢解き」通り飢饉に襲われたのはエジプトだけではなく、周辺諸国も同じでした。カナンの地では、ヨセフの父ヤコブと11人の兄弟たちが飢餓に苦しみます。事前に飢饉を予測したヨセフが宰相として万全の備えをしていたエジプトだけは食糧が豊富にあり、各国から人が集まっていました。ヨセフの兄弟たちもエジプトに食糧を買いに来て、宰相のヨセフと再会しますが、ヨセフは豪奢《ごうしゃ》な服装をして、エジプトの言葉を話しているので、兄たちは彼が自分たちの弟であることに気づきません。

ヨセフは、兄たちへの恨みもあり、あくまで他人のフリをしつつ、同じ母から生まれた唯一の弟ベニヤミンに会いたいので、食糧がほしければ弟を連れてくるようにと、兄たちに命じます。兄たちに選択肢はなく、父ヤコブの反対を押し切って、弟ベニヤミンを連れてエジプトに戻ることになります（創世記41章53節〜43章15節）。

ベニヤミンを連れて戻った兄たちを、ヨセフは大国エジプトの宰相として、自分の邸宅で盛大に饗応します。特に、ベニヤミンにだけ他の兄弟の5倍もの食事をふるまったというのですから、ふつうではありません。しかし、兄弟たちはヨセフが生きていたとは夢にも思わないので、まだヨセフの素性はバレませんでした。

その後、ヨセフは彼らをいったんカナンに送り返しますが、盗みの嫌疑をかけて、それを理由に愛する弟ベニヤミンだけ自分のもとにとどめようとします。ですが、兄弟たちが必死でベニヤミンをかばう姿に胸を打たれ、ヨセフは涙をおさえられずに号泣します。かつて兄たちに殺されそうになったことを当初は恨んでいたヨセフでしたが、弟ベニヤミンをいのち懸けでかばう兄たちの姿を見ているうちに、彼らへの怒りは、いつしか消えていました。

ヨセフはついに、兄弟に自分の正体を明かします。兄たちは弟ヨセフが何年も前に死んだと信じきっていたので、彼が生き延びていたばかりか、いつの間にか大国エジプトの宰相にまで上り詰めていることを知り、腰を抜かすほど驚きます。ヨセフの求めに応じて、兄たちは故郷カナンの地に父ヤコブを呼びに行きます。ヤコブも息子ヨセフは死んでしまったと信じていたので、半信半疑でエジプトに移動し、そこで最愛の息子ヨセフと再会を果たします。死んでいたと思っていた息子とまた出会えたしあわせな気持ちの中で、ヤコブは最期の時を迎えたのでした（創世記43章16節〜50章26節）。

第2章

イスラエル建国以前の愛憎劇

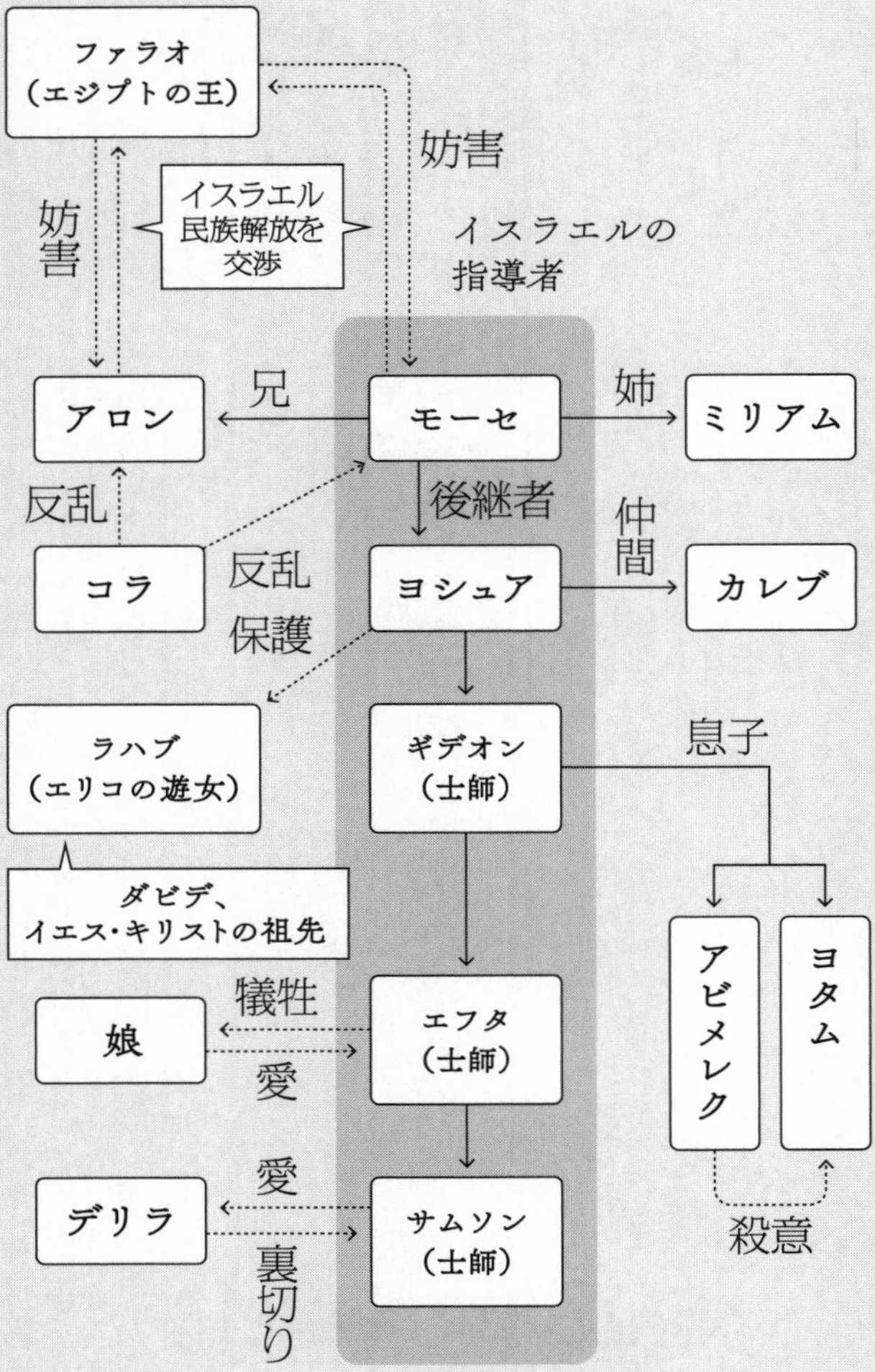

ファラオ（エジプトの王）
妨害
妨害
イスラエル民族解放を交渉
イスラエルの指導者
アロン
兄
モーセ
姉
ミリアム
反乱
後継者
仲間
コラ
反乱
ヨシュア
カレブ
保護
ラハブ（エリコの遊女）
ギデオン（士師）
息子
ダビデ、イエス・キリストの祖先
アビメレク
ヨタム
犠牲
娘
エフタ（士師）
愛
愛
デリラ
サムソン（士師）
裏切り
殺意

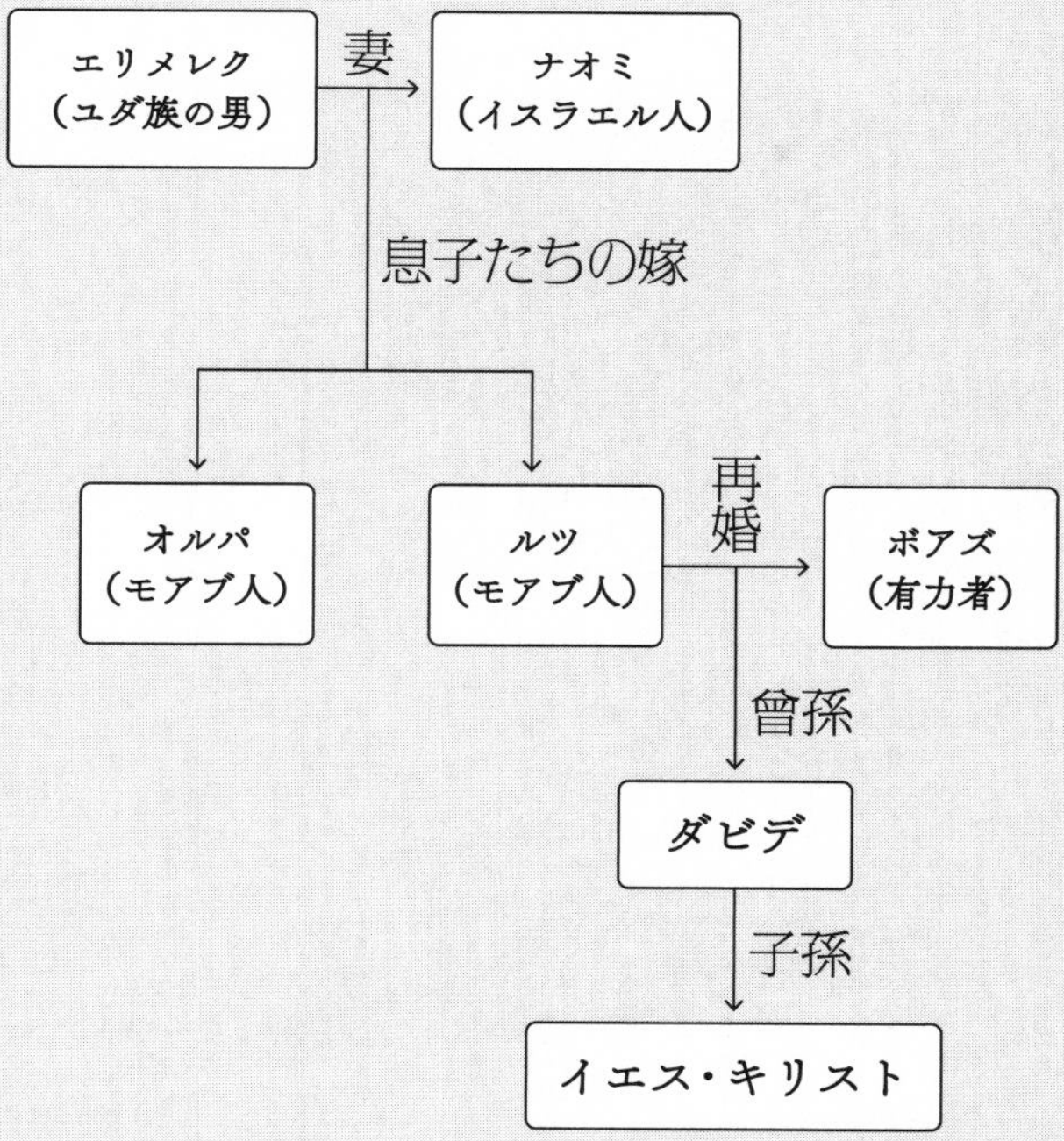
エリメレク
（ユダ族の男）
妻
ナオミ
（イスラエル人）
息子たちの嫁
オルパ
（モアブ人）
ルツ
（モアブ人）
再婚
ボアズ
（有力者）
曾孫
ダビデ
子孫
イエス・キリスト

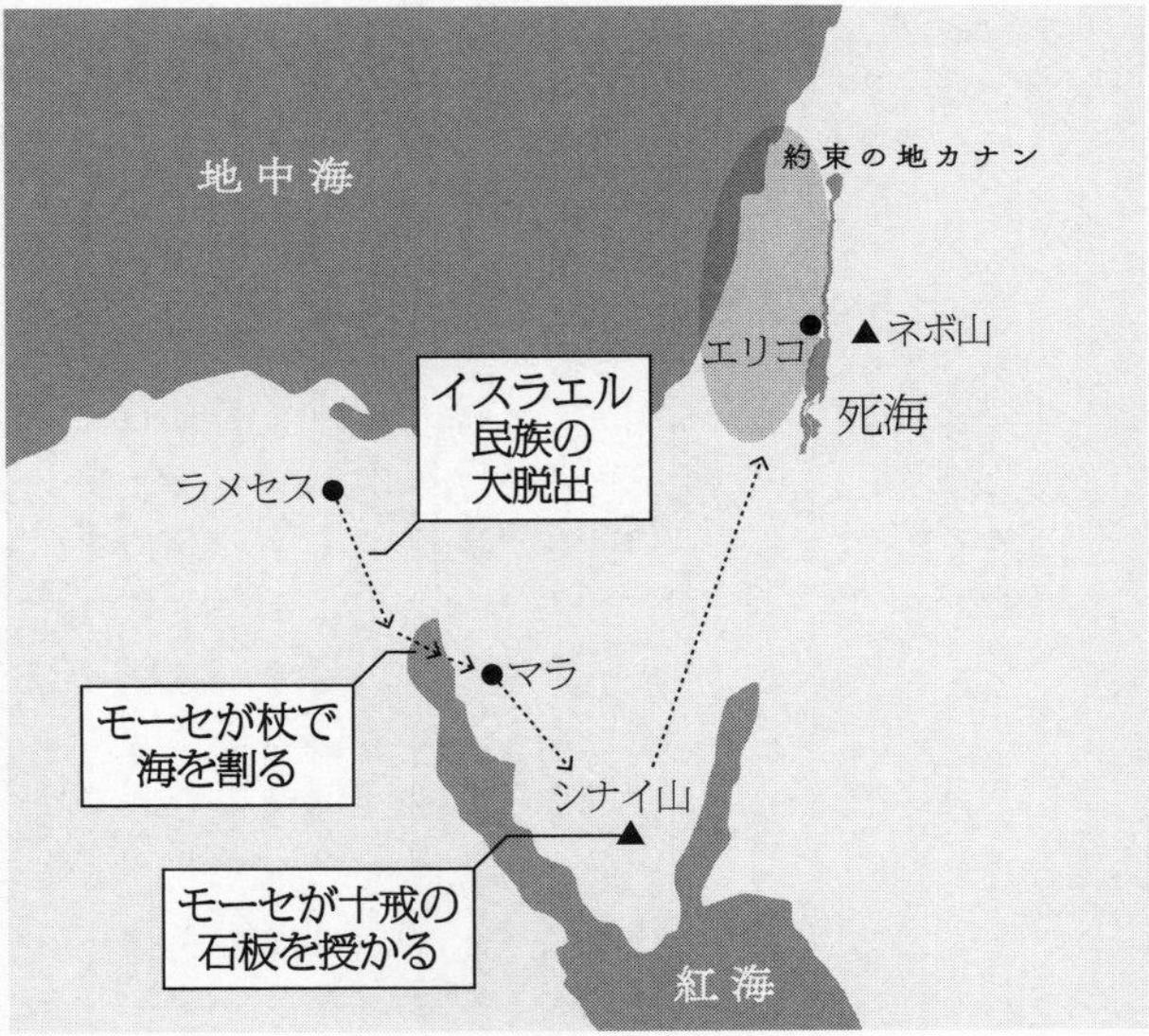
地中海
約束の地カナン
エリコ
▲ネボ山
死海
イスラエル民族の大脱出
ラメセス
マラ
モーセが杖で海を割る
シナイ山
モーセが十戒の石板を授かる
紅海

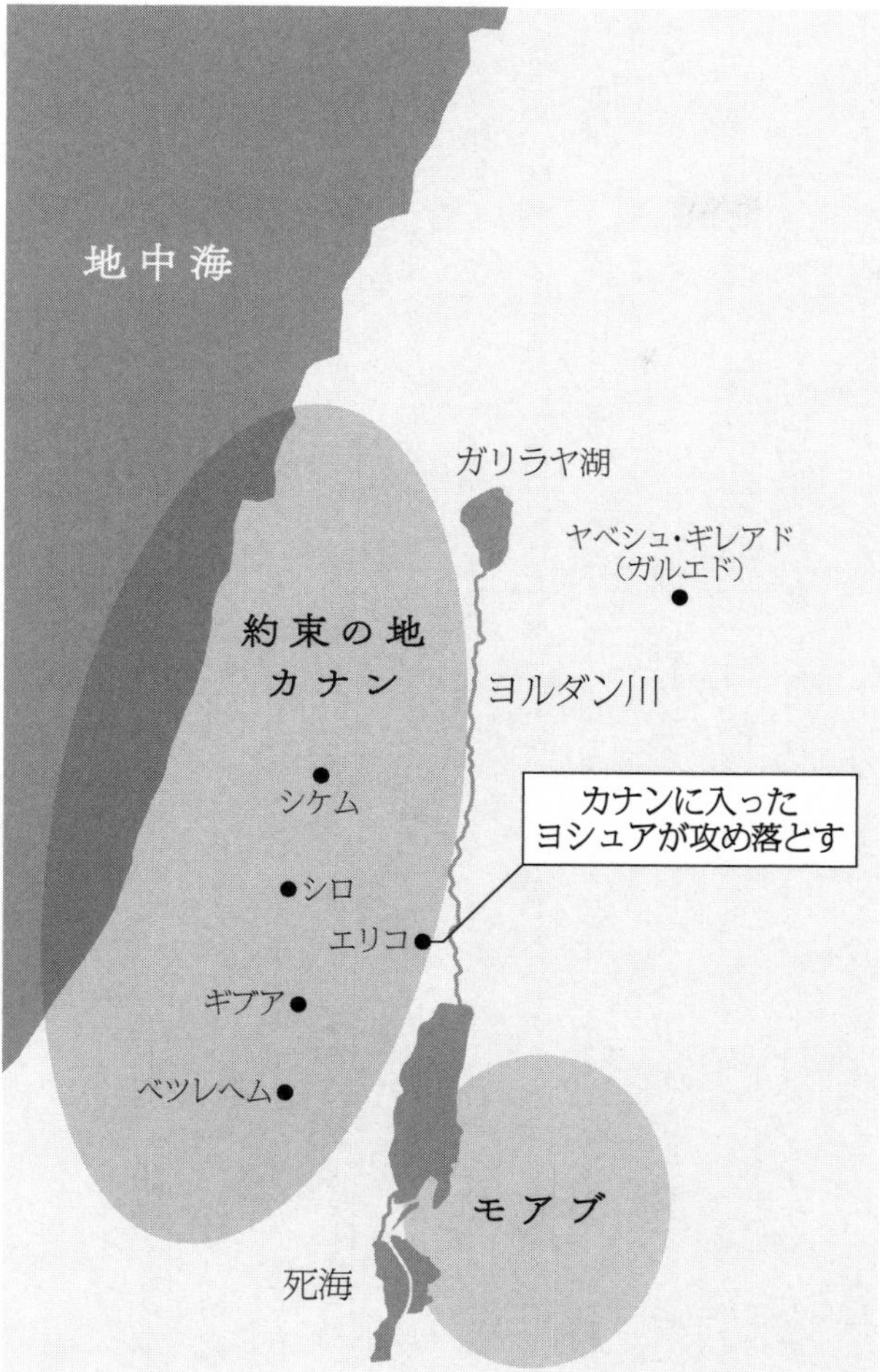
地中海
ガリラヤ湖
ヤベシュ・ギレアド
(ガルエド)
約束の地
カナン
ヨルダン川
シケム
カナンに入った
ヨシュアが攻め落とす
シロ
エリコ
ギブア
ベツレヘム
モアブ
死海

民族を虐殺する王に息子を引き取らせた女

エジプトでは異邦人の身でありながら宰相にまで上り詰めたヨセフの死後、４００年以上の時を経て、ヨセフのことを知らないファラオのもとで、イスラエル民族は奴隷として苦しめられていました。ファラオは、増え続けるイスラエル民族にやがて国を奪われることを恐れて、彼らを奴隷にして重労働を課します。ところが、どれだけ虐《しいた》げても弱まるどころかますます増え続けるイスラエル民族のたくましい生命力を見たファラオは、助産婦たちに「奴らの子が男なら殺せ、女子のみを生かせ」と命じます。しかし、助産婦たちはイスラエル民族の信じる神を畏《おそ》れて男の赤子を殺すことができなかったので、彼らは、なおも増え続けます。ファラオは、ついに全国民に対して、「イスラエル民族の男子が生まれたら、ナイル川に放り込んで殺せ！　女子のみを生かしておくのだ」と布告するまでになります（出エジプト記1章1節〜22節）。

そんな時、イスラエル12部族のひとつであるレビ族（英語名トライブ・オブ・リーヴァイ）の夫婦に、男子が生まれました。その子が見つかって殺されないように、夫婦は密《ひそ》かに育てていましたが、生後3か月が経つ頃には、もはや隠し通すのが難しくなりました。夫婦は防水したパピルスのカゴに赤子を入れ、だれかが助け出してくれる一縷《いちる》の望みを抱いて、ナイル川岸の葦《あし》の茂みに放置しました。赤子の姉ミリアムが物陰《ものかげ》から見ていると、ちょうどファラオの王女が侍女たちを連れて、水浴びにやってきました。王女はカゴの中の赤子に気づき、父ファラオが殺害するように全国民に命じたイスラエル民族の男子だろうと察します。王女としては父ファラオの命令に従わねばならない立場でしたが、カゴの中から抱き上げた赤子に無垢《むく》な表情で見つめられると、その子を放置して去ることは考えられず、ましてやナイル川に放り込むことなど、できるはずがありませんでした。王女は両腕を震わせ、赤子を抱きしめ、頬ずりします。王女が赤子を不憫《ふびん》に思っている様子だったので、その子の姉ミリアムは意を決して物陰から出てひれ伏し、「王女様、恐れ入ります。わたくしはイスラエル民族の乳母を知っております。連れてきましょうか」と申し出ます。あまりにもタイミング良くミリアムが現れたので、王女も偶然とは思わず、事情を察したことでしょう。そうするように王女が頼んだので、ミリアムは自分たちの母を連れて戻り、赤子は幸運にも、ファラオの王宮で実の母によって育てられることになりました（母親の名前は聖書には記されていません）。この赤子こそ、のちに、奴隷状態にあったイスラエル民族をエジプトから脱出させることになる英雄、モーセ（英語名モーゼス）です。

モーセは、ファラオが脅威と感じているイスラエル民族でありながら、ファラオの王宮で英才教育を受け、健やかに育ちます。それは、いずれ彼がイスラエル民族を指導する知識と知恵を身につけさせるための、神の計画の一部でした。しかし、モーセは40歳の時、工事現場でイスラエル民族の同胞が暴行を受けているのを助けるべく、暴力をふるっていたエジプト人（英語名エジプシャン）を制止しようとして、その男を殺してしまいます。モーセは、一転してファラオから追われる身となり、ひとりでエジプトを逃げ出します。40歳で逃げ出した彼は、40年後に自分がイスラエル民族全体を救うためにエジプトに戻ることになろうとは、夢にも思わなかったことでしょう（出エジプト記2章1節〜15節）。

人間と家畜の初子《ういご》がすべて殺される災厄

エジプトを逃げ出してから数十年のあいだにファラオは代替わりしていましたが、モーセは逃亡中に妻と出会い、妻の一族とともに羊飼いとして平穏に暮らしていました。

そんなモーセが、ある時、ホレブ山とも呼ばれるシナイ山（英語名マウント・サイナイ）で燃えている柴を見つけて吸い寄せられ、そこで、次のように自分に呼びかける神の声を聞きます。

「モーセよ、ファラオのところへ行き、わが民イスラエルをエジプトから連れ出せ」

神はモーセの兄アロン（英語名アーロン）もモーセを補佐させるために呼び出し、兄弟でファラオのところに赴《おもむ》かせます（出エジプト記3章1節〜4章31節）。

ファラオと対面したモーセとアロンは、自分たちはイスラエルの神から派遣されてきたと説明し、イスラエル民族を解放するように迫ります。エジプトではファラオ自身が神格化されているため、当然ながら、ファラオがイスラエルの神の命令にすんなり従うはずはありません。モーセは、事前に神から命じられていた通りアロンの杖を蛇に変えて見せますが、ファラオ配下の魔術師も同じことをやって見せたので、最初の説得に失敗します。

それから神は、その力を示すために、エジプトにさまざまな災厄を起こします。ナイル川の水を血に変え、カエル、ブヨ、アブ、イナゴなどを大量発生させ、エジプトの人々を腫《は》れ物で苦しめ、無数の雹《ひょう》を降らせ、世界を暗闇で包んだのです。ファラオは時に弱音を吐きながらも、イスラエルの神に屈服することをかたくなに拒み続けます。それまでに神が起こした災厄は自然現象でも起こりうる範疇《はんちゅう》でしたが、それでもファラオが抵抗し続けるので、神はついに、エジプトに超自然的な究極の災厄をもたらすことになります。

神は「エジプトにいるすべての人と家畜の初子を殺す」と宣言し、その夜、ファラオの長子から奴隷の第一子、家畜の最初の子まで、すべての初子が一夜のうちに殺されてしまいました。死人が出なかった家は1軒もなく、エジプト中が悲しみと絶望の叫びに包まれます。ただし、イスラエル民族は神に命じられた通り、家の鴨居と入口の2本の柱に血を塗っておいたことで、死の災厄が彼らの家を過ぎ越して、難を逃れていました。

エジプト中で人間や家畜の初子だけが突然死に、その災厄がイスラエル民族の家だけ過ぎ越した、というのは、自然現象であるはずがなく、紛れもなく神の超自然的な力が働いていました。

世継ぎとなるべき最愛の長子が死んでしまったことで、かたくなであったファラオも、さすがに神の力を畏れ、「イスラエルの民を連れて、エジプトを立ち去れ！」と、ついに、モーセとアロンに命じるのでした（出エジプト記5章1節〜12章36節）。

ところが、イスラエル民族がラメセスから出発しエジプトを脱出し始めると、ファラオの気が変わります。超自然的な力で長子を殺されたことで、ファラオは神を心から畏れたはずだったのですが、どんな災いも過ぎ去ってしまうと忘れてしまうのは人間の性《さが》かもしれません。イスラエル民族は壮年男子だけで60万人もいたので、それだけの労働力を失いたくない、という思いもあったでしょう。ファラオは大軍を引き連れ、追撃を開始します。

モーセたちは民族での大移動だったので、すぐにエジプト軍に追いつかれます。のちに紅海（英語名レッド・スィー）と呼ばれる葦《あし》の海（英語名リード・スィー）の海岸まで追いつめられたモーセが杖をかざすと、神の力で海がまっぷたつに割れ、その中に道が見えました。イスラエル民族は海の底の渇いた地面を渡り、彼らが渡り終えると水が元に戻り、追ってきたエジプト軍は全滅します。このあまりに有名な「海が割れる奇跡」については、満潮と干潮だったのだろう、という現実的な解釈もありますが、たとえそうだとしても、モーセたちにとっては神の恵みと言える最適なタイミングでした（出エジプト記12章37節〜14章31節）。

人間と家畜の初子が殺されるという災厄を過ぎ越してイスラエル民族がエジプトを脱出したことを記念する「過ぎ越しの祭り」（英語名パスオーバー）は、現在でもユダヤ教の最重要祭日のひとつとなっています。そして、西暦30年の過ぎ越しの祭りの時にイエス・キリストが十字架に磔にされ、その後、復活したことから、キリスト教最大の祭日である「復活祭」（英語名イースター）も、毎年、同じ時期に行われます。

数十万人の不満をたったひとりで引き受けた男

イスラエル民族がエジプトで奴隷であった期間は、ちょうど430年でした。神の助けを得たモーセに率いられ、イスラエル民族は、ついにエジプトを脱出して奴隷の境遇から解放されたのです。最初こそモーセに感謝したイスラエル民族でしたが、水と食糧の乏しい乾ききった砂漠や荒れ野を民族で大移動するのは、彼らが予想していたよりはるかに過酷な旅路でした。この時、壮年男子だけで60万人いたというイスラエル民族は、リーダーのモーセひとりに、しきりに不満をぶつけます。マラ（英語名マーラー）という土地では、水の味が苦いことに不満を持った民が、「こんなまずい水が飲めるか！お前は俺たちに、なにを飲ませるつもりだ？」と、モーセに詰め寄ります。身の危険を感じてモーセが神に助けを求めると近くにあった1本の木の棒が示され、それを放り込むと水は甘くなり、民の不満は鎮《しず》まりました（出エジプト記15章22節〜25節）。

荒れ野の旅が続くと、さらに食糧が乏《とぼ》しくなり、民衆は「こんなことならエジプトにいた時のほうがマシだった！　あの頃は腹いっぱい食えた。お前は俺たちを飢え死にさせるつもりか！」と、モーセを責め立てます。エジプトにいた頃は奴隷として過酷な環境にあったはずなのですが、いったん抜け出してしまうと、その苦しみを忘れてしまったのでしょうか。今までずっと抑圧され、歯を食いしばって耐え忍んできた奴隷の境遇から解放された反動もあったのか、彼らの自分勝手な要求は、エスカレートし続けました。モーセは嘆きながらも、民衆のために、ひたすら心を尽くします。

モーセが神に祈ると、以後は毎日、夕方にはウズラが大量に飛んできて、その肉が食糧となり、また、早朝には霜《しも》のように地表を薄く覆うマナ（英語名メナ）という謎の食べ物が与えられるようになりました。聖書の描写によれば、マナはコエンドロ（英語名コリアンダー）の種に似て白く、蜜の入ったウェハース（英語名ウェイファー）のような味がしたそうです。マナは毎日必要なぶんだけを集めて食べるように、神はモーセを通じて民衆に命じますが、一部の者たちが指示に従わずたくさん集めた時には、翌日には腐って悪臭を放ちました。以後、マナは40年にわたりイスラエル民族の主食となり、彼らの放浪時代の象徴となるのでした（出エジプト記16章1節~36節）。

その後、砂漠や荒れ野を進むにつれて飲み水がなくなってくると、民衆は「俺たちをエジプトから連れ出したのは、渇きで殺すためか」と、またもモーセを責め立て、彼を石で打ち殺そうとします。窮地に陥ったモーセは神に助けを求め、命じられるまま杖で岩を叩くと水が流れ出て、どうにか民衆の不満を抑えることができました（出エジプト記17章1節〜7節)。

このように、なにかの不満を抱くたびに民衆はモーセを責め、時には殺そうとし、身の危険を感じたモーセが神に助けを求めてどうにか問題を解決する、ということを何度もくり返しながら、イスラエル民族の大移動は、それ以後も延々と続きます。

偶像を崇《あが》めてしまった仲間3000人を虐殺

エジプトを脱出してから3か月が経過し、イスラエル民族は、かつてモーセが神から呼び出されたシナイ山の麓《ふもと》まで辿りつきました。モーセは、神の指示を仰ぐため、まずひとりでシナイ山に登ります。そして、神から命じられた通りに民衆に身を清めさせて3日待つと、雷雲から神が煙となって降りて山を包み、大地は震動し、民は畏怖《いふ》します。

モーセはふたたびシナイ山に登り、そこで彼らが遵守《じゅんしゅ》すべきもっとも基本的な戒律(いわゆる十戒)と、祭壇や生贄、奴隷などのさまざまな事項についての決まりごと(律法)を、神から直接伝えられます(出エジプト記19章1節〜23章33節)。

モーセは神との契約の書を作成し、民に読んで聞かせます。神から与えられた戒律を守ることを民が誓ったので、モーセは山の麓にイスラエル12部族のための12本の石柱を建て、祭壇に雄牛を捧げ、その血を祭壇と民に半分ずつ振りかけて神との契約の証しとしました。モーセはアロンや長老たちと山に登って神にいったん報告し、その後、今度は信頼する従者のヨシュア（英語名ジョシュア）だけを連れて、十戒が記された石板を神から受け取るために、また山に登ります。この際、モーセはアロンと長老と民に麓で自分を待つように命じましたが、40日40夜が経過してもモーセが山から下りてこないので、民衆は「モーセは、いっこうに戻ってくる気配がない。生きているのかどうかさえわからん。俺たちがいつでも頼れる神の像をつくってくれ」と、モーセの兄アロンに依頼します。イスラエルの神に対して極めて冒瀆的《ぼうとくてき》な申し出ですが、民衆の数に押し切られた形でアロンは承諾し、民衆が身につけている金の装飾品を集めると、それを鋳造《ちゅうぞう》して金の雄牛像をつくり、「この像をお前たちの神とする。さあ、崇めよ！」と、民衆に呼びかけます。民衆は喜び、祭壇をつくって、祭りの準備を始めるのでした（出エジプト記24章1節〜18節、31章18節〜32章6節）。

神がみずからヘブライ語（英語名ヒーブルー）で戒律を刻んだ十戒の石板2枚を手に

下山したモーセと従者ヨシュアは、イスラエルの民衆が黄金の雄牛像を囲んで踊りながら、飲んで歌って浮かれ騒いでいる衝撃的な光景を目にします。モーセは激怒のあまり神から賜った石板を叩き割ったばかりか、黄金の雄牛像を炎の中に放り込み、粉々に砕いて水の上に撒《ま》き散らし、民衆にそれを飲ませました。アロンは「帰りが遅かったので、つい民衆の言うことを聞いてしまったのだ」と弟に言いわけしますが、モーセは聞く耳を持ちません。

モーセが「まことの神につく者は、わたしのところへ来るのだ！」と呼びかけると、イスラエル12部族の中でモーセとアロンの属するレビ族が集まりました。

「剣を取り、偶像崇拝の大罪を犯した自分の家族、友、隣人《りんじん》を殺せ！」

モーセが命じると、レビ族の者たちは、雄牛の偶像を率先して崇めていた3000人を殺しました。この時の行動により、レビ族は、のちに、神に仕《つか》える祭司職の役割を与えられることになります（出エジプト記32章7節〜35節）。

神の代理人に叛逆《はんぎゃく》した者たちの壮絶な最期

壮年男子だけで60万人いるイスラエル民族のありとあらゆる身勝手な不満を、たったひとりでモーセが対処し続けられたのは、聖霊《せいれい》（神の霊）が常に彼とともにあったからでした。神は、モーセの負担を軽減させるべく、それまではモーセだけにつけていた聖霊を、イスラエル民族の70人の指導者にもつけるようにしました。これにより、モーセの指導者としての物理的、精神的な負担は劇的に軽減されましたが、新たなトラブルも生まれました。モーセの最高の理解者であったはずの姉ミリアムと兄アロンまでもが、ついに弟モーセに不満を言い始めたのです。これには神が怒り、ミリアムは罰として重い皮膚病《ひふびょう》にかかり、イスラエル民族の宿営地から離れた場所に7日のあいだ、隔離されることになりました（民数記11章1節～30節、12章1節～16節）。

その後、コラ（英語名コーラ）という男が呼びかけて、イスラエル民族の指導者的な立場にあった250人を集めてモーセとアロンに叛逆します。その者たちは抗弁しても聞く耳を持つ様子ではなかったので、モーセが神に審判を求めると、その場にいた叛逆者の250人は神の炎で焼き尽くされました。その後、モーセとアロンに反抗する意思を持っていた者たちは疫病《えきびょう》にかかり、1万4700人が死にます。また、神の命令で、イスラエル12部族それぞれの代表者が杖に名前を書いて放置すると、翌日、レビ族のアロンの杖にだけアーモンドの花が咲いていました。それにより、神はモーセとアロンの正統性を民に示したのです。それでも懲《こ》りないイスラエル民族が、またもや旅の途中でモーセに不満を言うと、神は今度は炎の蛇を民衆の中に送り込み、多くの者が蛇に咬《か》まれて死にました。この時、神の命を受けモーセが青銅でつくられた蛇を空に掲げると、それを見た者たちは炎の蛇に殺されずに救われました。当時のモーセたちは知るよしもありませんが、この「掲げられたものを見ると救われる」というのは、のちにイエス・キリストが十字架に磔にされるという、神の予告でもありました（民数記16章1節～17章26節、21章4節～9節）。

神がイスラエル民族に与えると約束した土地カナンが近づいた時、神の命令で、モーセは12部族のそれぞれから代表者をひとりずつ選び、カナンへ偵察に行かせることになりました。40日後、偵察から戻ってきた者のうち、10人は「カナンは素晴らしい土地ですが、強い敵がいて、われわれでは、とても歯が立たないでしょう」と報告しました。それに対して、残るふたり、モーセの従者ヨシュアとカレブ（英語名ケイラブ）だけは「われわれには神のご加護があるので必ず勝てます。攻め上りましょう」と提案します。

神は、自分の加護を信じなかった者たちに怒り、「イスラエルの成人男子のうち、ヨシュアとカレブのほかに約束の地を踏む者はいない」と告げます。それから彼らは罰として40年ものあいだ、ひたすら荒れ野をさまよい歩き続けることになりました。40年というのは、エジプトを脱出時に成人していた世代が全員死ぬまでに必要だった期間で、実際に約束の地カナンに入れたのは、ヨシュアとカレブ以外の成人男子が（モーセとアロンも含めて）全員死に絶えたあとのことでした（民数記13章1節〜14章38節）。

モーセ自身は常に神に忠実だったのですが、1度だけ、失敗を犯しました。神の命令で岩を杖で叩いて水を出す時、1度だけ叩いて水が出るのを待たず、思わず2回叩いてしまったのです。神は「1度だけ叩けば水が出るのに、なぜ2回叩いた。疑ったのだな」とモーセに失望し、その時の罪によって、モーセはカナンの地には入れぬまま、生涯を終えることになりました。ただし、イスラエル民族をエジプトからカナンまで導き続けた彼の功績は巨大であったため、神の慈悲によりカナンを見渡せるネボ山（英語名マウント・ニーボゥ）の山頂で、約束の地の全景を眺めながら、モーセは死を賜ったのでした（申命記34章1節～12節）。

保身のため町の全住民を売り渡す遊女

ヨシュアは、かつて従者としてモーセのお供をしてシナイ山に登り、カナン偵察ではカレブとふたりだけ、その信仰が神から認められました。そんなヨシュアが、モーセの死後は後継者としてイスラエル民族を率いることになります。なにしろエジプト脱出時に成人であった世代の生き残りはヨシュアとカレブふたりだけ（ほかは全員が下の世代）ですから、逆らう者はいませんでした。そして、イスラエル民族は、約束の地カナンの東端であるヨルダン川まで、ついに到達します。神はカナンをイスラエル民族に与えることを約束していましたが、当然ながら各地に先住民がいるため、ヨシュアたちは、それらを撃破して土地を奪い取る必要がありました。

高い城壁で囲まれているエリコ（英語名ジェリコ）という堅固《けんご》な町に攻め入る前に、

ヨシュアは、あらかじめ偵察者ふたりを中へ送り込みました。偵察者ふたりは、エリコの中でラハブという遊女の家に泊まります。イスラエルの偵察者が内部に侵入したのを見た、という報告を受けたエリコの王は町中を調べさせ、遊女ラハブも尋問されます。ラハブは「確かに、その男たちは、わたしの家に来ましたが、陽《ひ》が落ちる頃に城外へ出て行きました」と、ウソをついて、偵察者ふたりを匿《かくま》います。その後、城壁からふたりを逃がす時、遊女ラハブは彼らに交渉しました。

「わたしは、あなたたちイスラエルの神が、このエリコを滅ぼされると信じています。今日のことに免じて、どうか、わたしと家族だけは助けてください」

ラハブとしては、イスラエルの偵察者ふたりを王に差し出すこともできました。エリコは高く堅牢な城壁に囲まれた町なので、イスラエル民族に攻撃されても、簡単に陥落しないはずでした。偵察者が見つかれば彼女自身も罰せられます。大きなリスクを犯してイスラエルの神の勝利に賭けたのは、ラハブの英断でした。ラハブの協力のおかげで無事に帰れるので、イスラエルの偵察者ふたりは了解し、こう約束します。

「われらが攻め入る時、窓に赤い紐を結びつけておけ。その家にいる者は殺さない」

戻ってきた偵察者から報告を受けたヨシュアは、神の加護を確信し、イスラエル民族を率いてヨルダン川を越えます。その時、先頭を進んだのは、十戒の石板2枚、マナの入った金の壺、アロンの杖をおさめた契約の箱（英語名アーク・オブ・ザ・カヴァナント）を担《かつ》いだレビ族の祭司たちでした。祭司たちの足がヨルダン川に浸かると、かつてモーセが杖をかざして葦の海がふたつに割れた時のように神の力で川の水が上流で堰《せ》き止められ、彼らは乾いた川底を歩いてカナンの地に入りました。イスラエル民族は、そのことを記念し、ヨルダン川の川底から12部族を意味する12個の石を取り、それをギルガルの地に据えました。ちょうどそれは、彼らがエジプトを発ってから40回目の過ぎ越しの祭りの日でした。そして、カナンの地に入った翌日から、マナは現れなくなりました。カナンの地で食材を調達できるようになったからです。

要塞《ようさい》の町エリコの城壁は高く聳《そび》え立ち、城門は固く閉じられて、簡単に攻め入ることはできそうにありませんでした。しかし、そこで神がヨシュアに命じます。

「7人の祭司が契約の箱を先導し、エリコの町を1周することを6日間続けよ。そして、7日目には7周して角笛《つのぶえ》を吹き、鬨《とき》の声をあげよ。そうすれば城壁は崩れ落ちる」

ヨシュア率いる新世代のイスラエル民族は、ヨルダン川の水を堰き止めた神の力を体験したばかりなので神の言葉を信じ、言われた通りにします。7日目に町を7周したあと、7人の祭司が角笛を吹き、彼らが鬨の声をあげると、城壁の一部が崩れ落ちました。

神の加護をいよいよ確信したイスラエル民族は城壁の崩れたところから怒濤《どとう》の勢いで攻め入ると、町を焼き払い、徹底的に滅ぼし尽くしました。エリコの住民で助かったのは遊女ラハブと、その家族だけ。かつてエジプトで死の災厄がイスラエル民族だけを過ぎ越したように、エリコの町を滅ぼす攻撃は、ラハブの一家だけを過ぎ越したのです。遊女ラハブは、その後、イスラエル民族のユダ族のサルモン（英語名サーモン）と結婚。彼女の子孫から、のちに、ダビデとイエス・キリストが誕生することになりますので、遊女ラハブは、イスラエルの神に選ばれた人材であった、と考えることができます（ヨシュア記2章1節～6章27節）。

神に愛され護られたヨシュアはその後も連戦連勝し、彼の指揮のもとで、イスラエル民族は、約束の地カナンの大部分を彼らの領土とします。ヨシュアという強力な指導者のもとでイスラエル民族は団結していたので、その時代の争乱は内紛ではなく、おもに敵たちとの戦闘に限定されたものでした。

兄弟70人のうち68人を殺して王となった男

指導者ヨシュアと彼の時代を知る長老たちが生きているあいだは、イスラエル民族は神に忠実でした。ですが、ヨシュアが死に、民衆の世代交代が進むにつれて、イスラエル民族は次第に異教の神を崇拝し始め、それによって神の怒りを買い、周辺の異民族から侵攻されます。ですが、イスラエル民族を愛する神は、彼らが窮地《きゅうち》に陥《おちい》るごとに、彼らの中から「士師《しし》」と呼ばれる者を選び、彼らを用いて民衆を導き、神の道に立ち返らせることをくり返します。聖書でしか見かけることのない「士師」という言葉はイメージが湧きにくいですが、「裁き司《さばきつかさ》」とも訳され、英語では「裁判官」や「審判」の意味もあるジャッジと訳されます。要するに「士師」とは、「人々に正しい裁きを下す役割を与えられた者」でしょう。

聖書では「士師記」の中で合計13人の士師が紹介されており、たった数行しか記録がない人もいれば、複数の章にまたがって詳細な記録が残されている人もいます。また、

「最後の士師」とされる預言者《よげんしゃ》サムエル（英語名プロフィット・サミュエル）にいたっては、彼の名前を冠した「サムエル記」が、旧約聖書に収録されています。

有名な士師のひとりギデオン（英語名ギディアン）は、イスラエル民族がミディアン人（英語名ミィーディアンズ）に7年間、苦しめられていた時に、イスラエルの神から召し出されました。ギデオンは異教の神バアルの祭壇を壊し、イスラエルの神の助けを得て敵を倒し、40年の平和をもたらした英雄です。ギデオンには多くの妻がいて、子供の数は70人でした。ギデオンが死ぬと、イスラエル民族は、ふたたびバアルを信仰し始め、ギデオンの子供たちには敬意を払いませんでした（士師記6章1節〜8章35節）。

ある時、ギデオンの息子のひとりで、女奴隷から生まれたアビメレクは、シケムの地で母方の親戚を一堂に集め、彼らにこう問いかけました。

「ギデオンの息子70人全員に治められるのと、たったひとりの息子に治められるのとでは、どちらが良いと思うか。わたしがあなたたちの身内であることを忘れるな」

要するに、70人の息子の中で自分だけを支持せよ、と彼は迫ったのです。

母方の親戚は身内であるアビメレクを支持すると決め、シケムの有力者たちをとりまとめます。アビメレクは支持者たちから銀を受け取り、ならず者たちを雇い入れると、ほかの兄弟ほぼ全員をひとつの石の上で殺します。この時、末っ子のヨタム（英語名ジョサム）だけは呪いの言葉を吐きながら、かろうじて逃げ延びましたが、アビメレクはシケムの王となりました。

アビメレクの統治が3年続いた頃、徐々に彼への不満が噴出し、シケムの各地で叛乱が起き始めます。父ギデオンの獰猛《どうもう》さを受け継いでいたアビメレクは、抵抗勢力を容赦なく虐殺し続けましたが、叛乱軍の立てこもった塔を包囲している時、塔の中にいた女が投げた石臼《いしうす》があたまに当たり、頭蓋骨《ずがいこつ》を砕かれる重傷を負います。アビメレクは近くにいた従者に、「俺を刺し殺せ。女に殺された者として語り継がれたくない」と命じ、彼に刺し殺されたのでした。父のギデオンはイスラエルの偉大な士師のひとりですが、息子のアビメレクは士師ではなく、忌《い》まわしい兄弟殺しと悲惨な死にざまで父の名声を汚し、歴史に名を遺《のこ》しました（士師記9章1節～57節）。

神が選んだ生贄が最愛の娘だった男の絶望

イスラエル民族は、強力なリーダーシップを示す士師が現れると彼らの本来の神に立ち返り平和な世が続くのですが、その士師が死ぬと、また異教の神を信仰し始め、罰として他国から侵略される——というサイクルを、延々と、くり返していました。

士師のひとりエフタ（英語名ジェフサ）は、ギレアド（英語名ギリアド）の地で父親が遊女に産ませた息子でした。ギレアドは、かつてヤコブとラバンがお互いに立ち入らないと決めた境界であるガルエドの別称です（45ページ参照）。父親が妻に産ませた子供たちは遊女を母に持つエフタを嫌い、彼を一族から追い出します。しかし、その後、エフタは、ならず者たちを集め、勢力を拡大していました。

エフタの故郷がアンモン人（かつてアブラハムの甥ロトと彼の次女のあいだに生まれた子の末裔《まつえい》）に侵略された時、長老たちはエフタに助けを求めました。エフタは「俺を追い出しておいて、今更、頼ろうと言うのか?」と呆れながらも、ギレアドの王になることを条件に、協力を約束します。エフタは敵との戦いに臨む時、神にこう誓います。

「神よ、わたしに勝利を与えてくださるなら、わたしが無事に町へ帰った時に、最初に迎えに出てきた者をあなたに生贄として捧げることを、お約束します」

エフタはアンモン人相手に大勝利をおさめ屈服させますが、町に戻った時、満面の笑みで踊りながら彼を出迎えたのは、彼の最愛のひとり娘でした。エフタには、ほかに息子も娘もいませんでした。

「愛する娘よ、まさかお前が、わたしを苦しめる者になるとは……」

大地にくずおれ、慟哭《どうこく》する父に、娘は言います。

「お父さん、神様に約束したことですから、どうか誓われた通りになさってください。でも、2か月だけ、わたしが自由に過ごす時間を与えていただけると嬉しいです」

エフタは娘の言葉を聞き入れ、娘に2か月の自由を与えてから、彼女を神に捧げた、とされています。聖書には娘の名前すら記されていませんが、この「エフタの娘」の悲劇は、イスラエル民族のあいだで語り継がれました。イスラエルの娘たちは毎年4日間、エフタの娘を悼んで家を出る、と旧約聖書は伝えていますが、3000年以上も昔の話で、それが具体的にどのような風習であったのかは、現代には伝わっていません。また、エフタが本当に娘を捧げたのか、実は捧げなかったのかについては、研究者のあいだでも意見が分かれています（士師記11章1節〜40節）。

溺愛する女に何度も裏切られ続けた英雄

士師のひとりサムソンは、生まれる前からその子の人生を神に捧げると親が決めた、ナジル人（英語名ナザライツ）でした。ナジル人は、人生を神に捧げられた証しとして髪の毛を一生切らないことが慣《なら》わしとなっていました。その長髪が、彼らが「神の人」である印とされていたのです。

サムソンの時代、イスラエル民族は、異教の神を崇拝したことでイスラエルの神の怒りを買い、40年にわたってペリシテ人（英語名フィリスティンズ）に支配されていました。そんな中、サムソンはペリシテ人の女にひと目惚《めぼ》れして、結婚します。ところが、婚礼の宴会において、ちょっとした謎かけ遊びが原因で口論になり、サムソンは神から与えられた怪力で同席していたペリシテ人30人を殺し、妻と別れてしまいます。当時、イスラエル民族を支配していたペリシテ人たちは、この事件に当然ながら激怒し、サムソンを殺すために、やって来ます。イスラエル民族はペリシテ人が恐ろしかったので、サムソンを縛って差し出しました。ところが、サムソンはイスラエル民族をペリシテ人から救うために神が選んだ士師であったので、神の霊がサムソンを縛る縄を焼き尽くし、サムソンを救出します。解き放たれたサムソンは、その勢いでペリシテ人1000人を殺害。ペリシテ人たちは、その後も、なんとかサムソンを殺す機会を窺《うかが》い続けます。

サムソンがデリラ（英語名ディライラ）という女を愛するようになったのを知ったペリシテ人は、彼女を銀で買収し、サムソンの怪力の秘密を探るように命じます。

「あなたの怪力の秘密は、なんなの？　わたしがあなたを縛ることなんて、できる？」

恋人として戯れながら尋ねるデリラに、サムソンは冗談を言う口調で答えます。

「乾いていない新しい弓弦《ゆみづる》が7本あれば、お前にも俺を縛ることができるさ」

さっそくペリシテ人がそれを用意してデリラに届け、彼女は悪戯のふりをしてサムソンを縛ります。ですがサムソンが簡単にそれを切ってしまったので、デリラは怒ります。

「わたしを騙《だま》したのね。ひどい人！」

そのように拗《す》ねるデリラも愛おしく、彼女の機嫌を取りたくて、サムソンは「実は、新しい縄で縛られると力が出なくなるんだ」と告げます。それを信じてデリラが試した時にも、サムソンは、簡単に抜け出してしまいます。

デリラはさらに怒り、その後も、サムソンを責め続けました。愛する女から連日責められ続けたサムソンは、ついに根《こん》負けして、本当のことを彼女に告げてしまいます。

「俺はナジル人だ。親は、俺が生まれる前に俺の人生をイスラエルの神に捧げた。だから俺は、人生で1度も髪を切ったことがない。もしだれかが俺の髪を切ったら、俺は、いつもの馬鹿力を出せなくなるだろうな」

デリラは膝枕でサムソンを安心して眠らせ、彼の髪を剃らせます。自慢の怪力を出せなくなったサムソンは、ペリシテ人に捕らえられ、両目をえぐり出され、その後は青銅の足枷をはめられて、牢屋で粉を挽《ひ》く肉体労働にひたすら酷使され続けました。

同胞をたくさん殺した憎きサムソンへの報復を果たしたペリシテ人たちは浮かれ騒ぎ、大宴会を催し、盲目になったサムソンをその見せ物にします。ペリシテ人たちは勝ち誇り、今や惨《みじ》めな姿のサムソンを嘲笑《ちょうしょう》します。この時、少し時間が経過して髪が伸び始めていたので、サムソンは以前の怪力をある程度、取り戻していました。サムソンはペリシテ人たちから嘲笑《あざわら》われる屈辱に耐えながら、ひたすら神に祈ります。

「わが神よ、どうか、もう1度だけ、わたしに力をお与えください――」

サムソンは、建物を支えている支柱2本を手探りで見つけ、最後の力をふり絞ります。

「わが命は、憎きペリシテ人とともに絶えれば良い！」

サムソンの怪力で2本の支柱が折れ、建物は屋根から崩れ落ちます。

中にいた無数のペリシテ人（屋上にいた者だけで3000人）を道連れに、サムソンは、こうして壮絶な最期を遂げたのでした（士師記13章1節～16章31節）。

殺された女の復讐のために各部族が集結

ある山奥で暮らすイスラエルのレビ族に属する男が、ユダ族（英語名トライブ・オブ・ジュダ）の女と結婚しました。しかし、ふたりの関係はうまくいかなかったのか、女が結婚後に逃げ出し、実家に帰ってしまったので、男は追いかけ、妻の実家で義父にあたたかく迎えられます。そして、男が義父から歓待された数日のあいだに妻の機嫌も直り、ふたりは一緒に自宅に戻ることになりました。

道中、ベニヤミン族（英語名トライブ・オブ・ベンジャミン）に割り当てられた地域であるギブア（英語名ギビア）という町で陽が暮れましたが、よそ者である夫婦を泊めてくれる家は、なかなか見つかりません。夜が更ける前に、ようやく泊めてくれる老人が現れ、夫婦は彼の家で、疲れた体を休めることができました。ところが、町のならず者たちが老人の家に来て、「旅の男を出せ！　俺たちが、かわいがってやる！」と騒ぎ始めます。老人は彼らに抵抗しますが、その時に彼が放った言葉は、現代人の感覚からすると、理解に苦しむものでした。老人は、こんなことを言ったのです。

「わたしの客人に非道なふるまいをしてはならない。だが、ここにいるわたしの処女の娘と、客人の妻をお前たちに差し出すので、辱《はずかし》めるなど好きにすれば良い」

当時は偏った男尊女卑思想があったのだとしても、自分の娘だけでなく、客人の妻を差し出すと勝手に決める老人の言葉には唖然《あぜん》とさせられます。驚いたことに、夫自身も賛同し、妻を自分の身代わりにして、家の外に押し出してしまいます。一晩中、男たちの暴行を受けた哀れな妻は、死んでしまいました。信じられないほど非人道的なこの事件は、そこから意外な展開を見せます。レビ族の男は事件のあと、妻の亡骸《なきがら》を12個のパーツに切断し、それをひとつずつイスラエル12部族に送りつけました。おそらく、事情を説明した手紙も添えてあったのでしょう。遺体のパーツを受け取った各部族は悲しい事件が起きてしまったことに騒然となり、次のように叫んだと伝えられます。

「われわれイスラエル民族がエジプトを脱出して以来、かつてこのように非道なことがなされただろうか。このことの意味を、よく考えよ！」

殺された妻を家の外に出したのはレビ族の男自身なのに、変わり果てた彼女を切り刻んで12部族すべてに送りつけた行為は狂気じみています。それでも、非道なことが行われたのは事実でしたから、男の呼びかけで、（加害者が属するベニヤミン族を除く）イスラエル11部族から武器を携《たずさ》えた軍人40万人が各地から集結してきました。

男から事情を聞いたイスラエル11部族の軍は、事件の起きたギブアに押しかけ、その地で暮らすベニヤミン族の者たちに、「罪を犯した者たちを差し出せ。イスラエルから悪を取り除くのだ」と迫りますが、拒まれます。それにより、イスラエル11部族の軍とベニヤミン族のあいだに激しい戦闘が起こり、連日数万人が戦死し、町には火が放たれます。この極めて異常な大戦の渦中で、ベニヤミン族の女は、ほとんど死に絶えてしまいました。ベニヤミン族は降伏し、勝利した11部族は戦争終結後、このような事態になったことを嘆き悲しみます。

「われわれは自分たちの娘を、ベニヤミン族には、もはや嫁がせるまい。神よ、どうしてイスラエル12部族のひとつが欠けてしまうことになったのですか……」

このまま12部族のひとつが欠けて消滅してしまうことを恐れた人々は、なんとかベニヤミン族も存続させようと協議し、今回の集会にひとりも人を送ってこなかったヤベシュ（英語名ジャベシュ）という町があったことを知ります。イスラエル11部族の軍はヤベシュの住民で処女400人だけを生かして、あとは皆殺しにし、その娘たちをベニヤミン族に与えますが、彼らを存続させるには、充分な数ではありませんでした。

人々は協議した結果、「年に1度、シロ（英語名シャイロ）の町で行われる神の祭りに参加している娘を、ベニヤミン族の者はさらって妻にして良いことにしよう」という滅茶苦茶な解決策を考案し、それで一件落着させてしまうのでした。聖書は、「この頃のイスラエルにはまだ王がいなかったので、各部族が好き勝手なことをしていた」と、王がいないがゆえの無法地帯であった時代性を説明しています。このような混沌《こんとん》の時代が、偉大な王の登場を準備したのでしょう（士師記19章1節～21章25節）。

発端となったレビ族の夫婦も、ギブアの老人も、聖書には名前すら記されていないのですが、ひとつの町で起きた暴行事件がイスラエル全部族を巻き込む大戦に発展し重大な犠牲《ぎせい》が生じた、という極めて特殊な事件です。このどろどろの愛憎劇は、聖書の中でも極めて異色な逸話です。

義理の娘を有力者に嫁がせるヤリ手の母

イスラエル民族にまだ王がおらず、士師たちが民を導いていた時代の終盤。飢饉があったので、ユダ族のエリメレクという男が、妻のナオミ（英語名ネイオミ）と、ふたりの息子を連れてモアブの地に移り住みました。エリメレクの死後、ふたりの息子は、それぞれモアブ人の妻をめとります。彼女たちの名前は、オルパとルツ（英語名ルース）。モアブ人というのは、ソドムの町の滅亡後に、アブラハムの甥であるロトとロトの長女のあいだに生まれた子の末裔です（37ページ参照）。

2組の夫婦と母ナオミは10年ほどモアブの地で暮らしましたが、男ふたりは若くして死に、母と嫁ふたりだけが、あとに残されます。ナオミは、それまで尽くしてくれたことに感謝して嫁ふたりに御礼を言い、実家に帰るよう促します。オルパは名残惜しそうにしながらも去って行きましたが、ルツは、義母につき従いたいと希望して譲りません。

「お母様をおひとりにすることなど、わたしにはできません。あなたの神は、わたしの神です。あなたの亡くなられるところで、わたしも葬《ほうむ》られたいのです」

ルツの決意が固いことを知り、ナオミも最後には彼女の想いを尊重して受け容れ、以後も、義理の母娘ふたりで暮らすことになりました（ルツ記1章1節〜18節）。

ナオミの故郷であるベツレヘム（英語名ベスレヘム）に戻ったあと、ルツは生活のために落ち穂《ぼ》拾いを始めました。モーセの時代に神の命令で制定されたイスラエル民族の律法では、「貧しい者は、富んだ者たちの畑の落ち穂を拾い集めて良い」ということになっており、それは、すべてのイスラエル民族の了解事項だったのです。

ある時、ナオミの亡き夫エリメレクの親戚で地元の有力者であるボアズという男が所有する畑でルツが落ち穂拾いをしていると、ボアズは彼女に気づいて、その熱心な姿に好感を抱き、彼女がたくさん落ち穂を拾えるように、わざと多く穂を落とすように、使用人たちに命じます。そして、ボアズはルツに声をかけました。

「お嬢さん、わたしの畑の落ち穂を、抱えられるだけ拾うといい。だれにも邪魔はさせないから。のどが渇いたら、水瓶のところに行って、好きなだけ水を飲みなさい」

ルツは、ボアズの厚意に、地面にひれ伏して感謝します。

「ご主人様、よそ者のわたしに、どうしてご親切にしてくださるのですか?」

「あなたが夫を亡くしたあとも姑に尽くすために、この異国へやって来たことを聞いた。あなたの素晴らしい行為に、イスラエルの神は、きっと報いてくださるだろう」

感激したルツは、帰宅後、義父の親戚にあたるボアズという方が親切にしてくださっています、と、ナオミに報告します。義母はうなずくと、諭すように、今や実の娘のように大切に想えるルツに言いました。

「愛する娘ルツよ、わたしは、あなたにはしあわせになってほしいの。だから、体を洗って香油を塗り、綺麗な服を来て、ボアズのところへ行きなさい」

ルツは言われた通りにして、ボアズの寝室に入り込みます。ボアズは、自分の寝室に入り込んできたルツに気づくと、彼女に好意を抱いていることを認めつつも、「あなたには、わたしよりふさわしい若い夫が見つかるはずだ。探してあげよう」と、約束し、人目につかないように気をつけて彼女を返します。

ボアズは親族のあいだでルツの再婚について相談しましたが、結果的に、ボアズがいちばんの適任者であるということがわかり、彼自身がルツを妻として迎え入れることになり、ふたりは周囲から祝福されて結婚します（ルツ記1章19節~4章22節）。

義母に献身的に尽くしたルツと、そんな彼女を受け容れたボアズの曾孫《ひまご》にあたるのが、のちにイスラエル王国を確立することになるダビデ――。ふたりが結婚したベツレヘムは、旧約聖書で「救世主が誕生する場所」として預言され、ルツとボアズからダビデへと連なる家系の子孫から、イエス・キリストがベツレヘムで誕生することになります。

第3章　ダビデとソロモン時代の愛憎劇

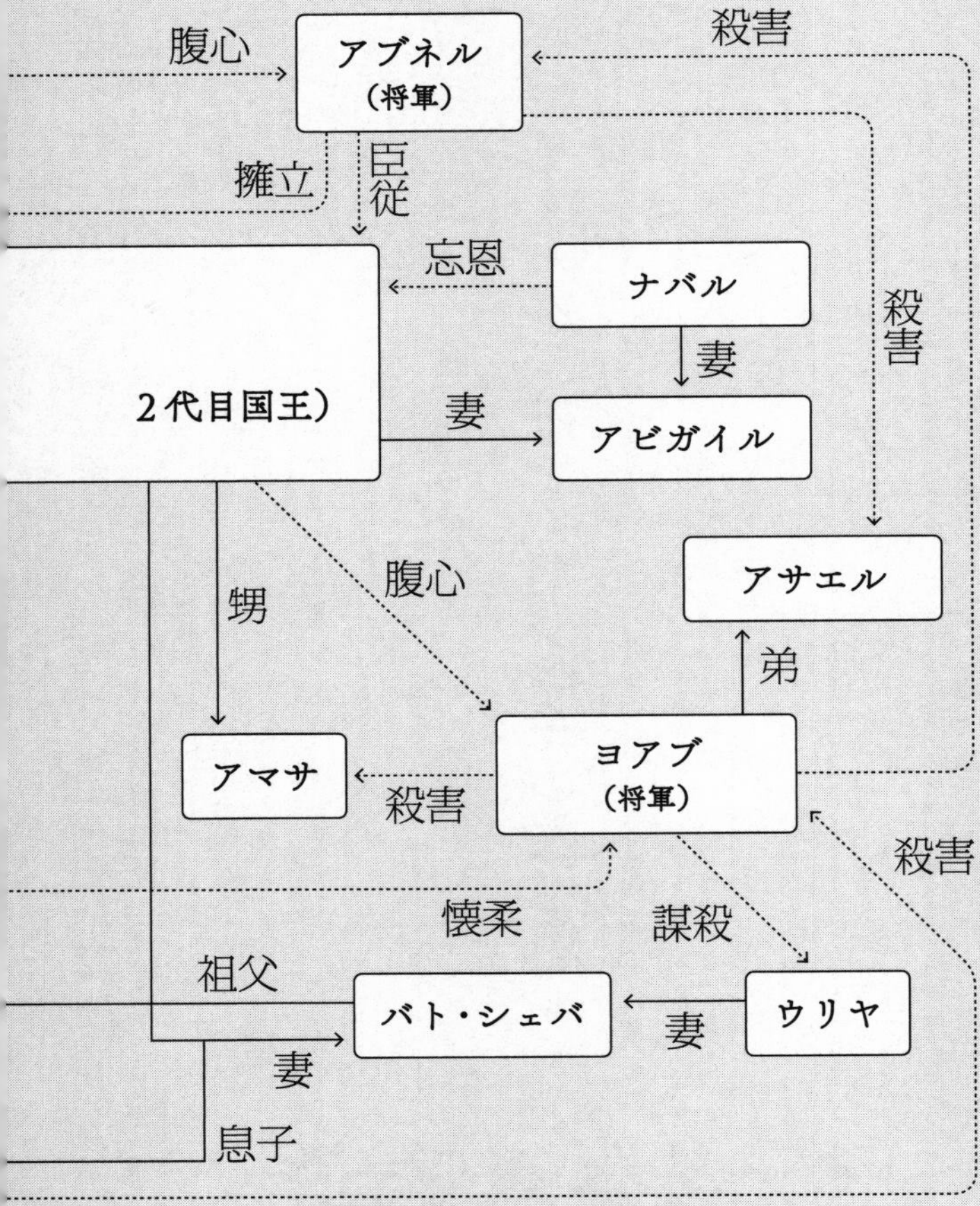

腹心
アブネル
（将軍）
殺害
擁立
臣従
忘恩
ナバル
殺害
妻
2代目国王）
妻
アビガイル
腹心
アサエル
甥
弟
アマサ
殺害
ヨアブ
（将軍）
殺害
懐柔
謀殺
祖父
バト・シェバ
妻
ウリヤ
妻
息子

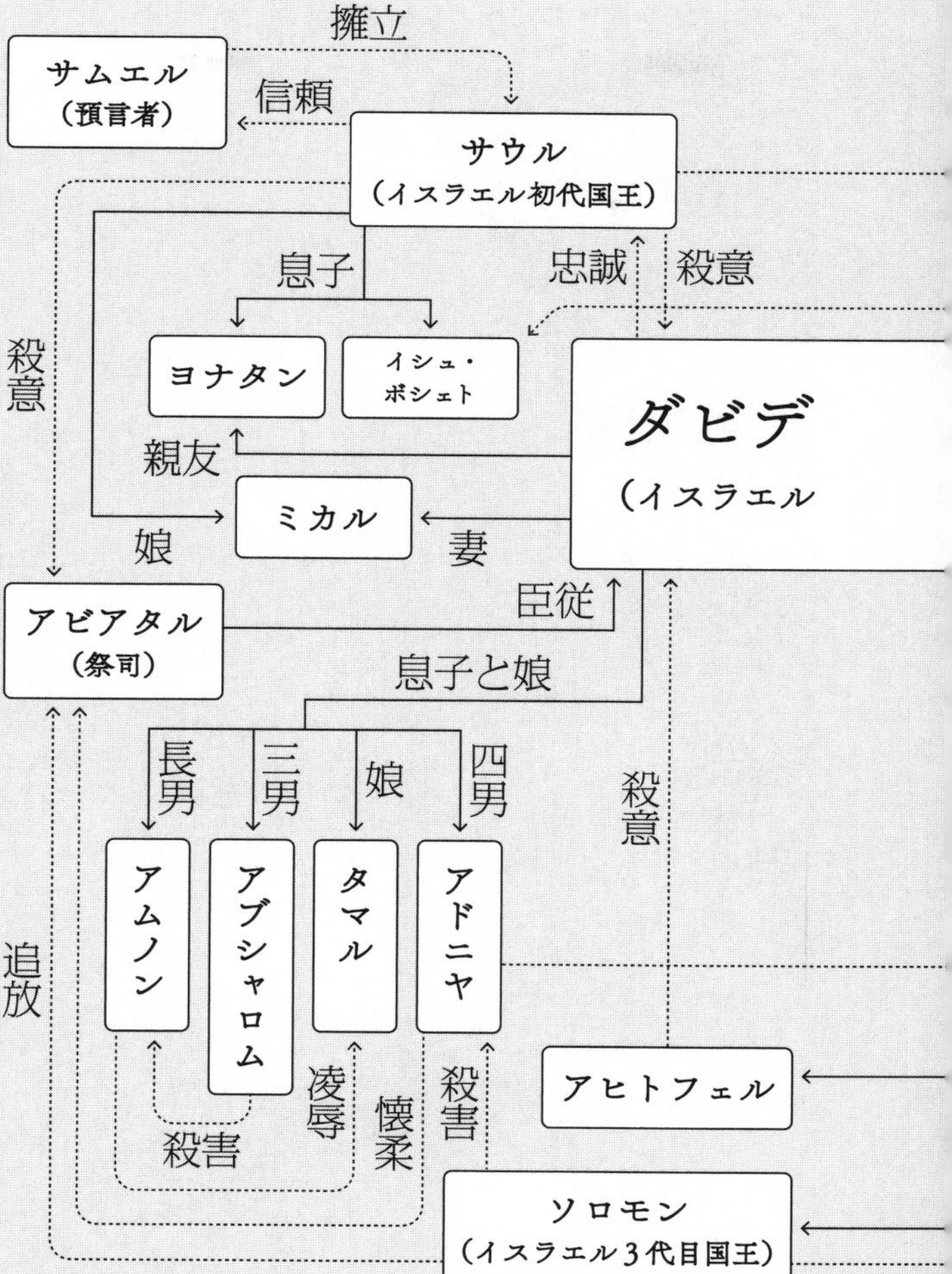

擁立
サムエル
（預言者）
信頼
サウル
（イスラエル初代国王）
忠誠
殺意
息子
ヨナタン
イシュ・ボシェト
殺意
ダビデ
（イスラエル
親友
ミカル
娘
妻
アビアタル
（祭司）
臣従
息子と娘
長男
三男
娘
四男
殺意
アムノン
アブシャロム
タマル
アドニヤ
追放
凌辱
懐柔
殺害
殺害
アヒトフェル
ソロモン
（イスラエル3代目国王）

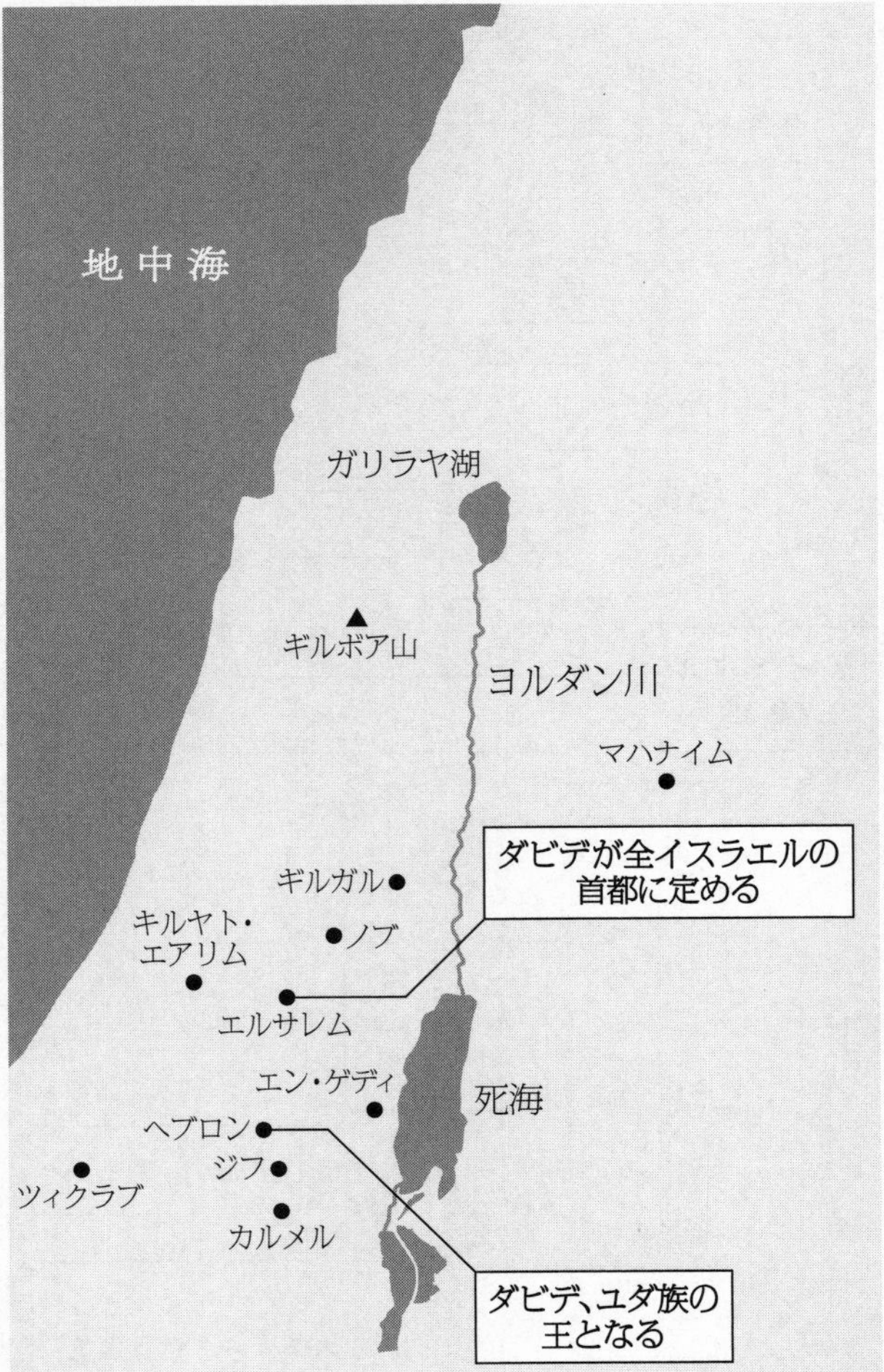

地中海
ガリラヤ湖
ギルボア山
ヨルダン川
マハナイム
ダビデが全イスラエルの
首都に定める
ギルガル
キルヤト・
エアリム
ノブ
エルサレム
エン・ゲディ
死海
ヘブロン
ジフ
ツィクラブ
カルメル
ダビデ、ユダ族の
王となる

人気と実力を兼ね備えた部下を憎む王

「最後の士師《しし》」とされるサムエルは、士師より「預言者《よげんしゃ》」（＝神の言葉を預かる者）と呼ばれることのほうが多くあります。ほかの士師13人の記録は聖書の「士師記」にまとめられていますが、サムエルの記録は「サムエル記」という独立した本（しかも上下巻）になっていることからも、彼の重要さがわかります。サムエルの存在が歴史的に重要なのは、彼が預言者であった時代にイスラエルの王国時代が始まったからです。

預言者サムエルが士師としてイスラエル民族を導いていた時代は安定していたのですが、サムエルの後継者となった息子たちが有能ではなかったため、民衆は自分たちを導いてくれる強い王を求めました。そして、くじで選ばれたのち、アンモン人との戦いを勝利に導いたサウルがギルガルの地で王となり、イスラエル王国が誕生します。ですが、それからのサウルは、祭司の役割である生贄を捧げる行為を王の立場でありながら勝手に行《おこな》ったり、良い羊を生贄として捧げるのを惜しんだりして、神の怒りを買いました。

サウル王がまだ統治している時代に、神は次の王として羊飼いの少年ダビデを選び出すことになります（サムエル記上7章2節〜16章13節）。

神は、ダビデをイスラエルの王にするための準備として、まず、現在の王であるサウルに悪霊《あくれい》を憑《つ》けて苦しめます。自分に憑いた悪霊を遠ざけるために、サウル王は家臣の勧めで竪琴の名手であるダビデ少年を雇いました。ダビデ少年が竪琴を弾いているあいだは悪霊に悩まされなくなったので、サウル王は彼を寵愛《ちょうあい》するようになります。

ペリシテ人が襲来し、敵の巨人兵士ゴリアト（英語名ガライアス）にイスラエル軍が悩まされていた時、ダビデは周囲の制止を振り切って、たったひとりで立ち向かいます。羊飼いであったダビデは、羊の群れを守るために、投石術で獣を追い払うことを得意としていました。ゴリアトと向き合った時にも、ダビデは巨人兵士の額に遠くから石を命中させて倒れさせ、素早く駆け寄ってその首を取り、一躍、戦士として名を上げます。その時の功績だけでなく以後もダビデは外敵との戦いに相次いで勝利したことで戦士の長に任命され、大衆の人気を集めました。しかし、町の女たちが「サウルは千を討《う》ち、ダビデは万を討った」と歌うに及んで、サウル王は屈辱を覚え、人気と実力を兼ね備えたダビデへの憎悪を強めます。サウル王は竪琴を弾くダビデを槍で刺し殺そうとしますが、ダビデは敏捷《びんしょう》であったので逃げられます（サムエル記上16章14節〜18章11節）。

ダビデは戦士として秀でており、自分で直接手を下すのは難しいと悟ったサウル王は、激しい戦闘が行われている前線にダビデを送り込んで戦死させようと考えます。サウル王は彼を千人隊の長に任命し激戦区に派遣しましたが、神を味方につけているダビデは勝利し続けました。そこでサウル王は苦肉の策として、次女ミカル（英語名ミハル）との結婚話をダビデに持ちかけます。羊飼いの出身であるダビデにとって、王の娘との結婚は最高の名誉で、彼には、ありがたい話でした。サウル王は、結婚を認める条件として、ダビデにペリシテ人100人を殺してくるように命じます。ペリシテ人の獰猛《どうもう》な戦士たちをそんなにも殺せるはずがないとサウル王は信じていましたので、それもダビデを戦場で殺すためのかけひきでした。ところが、ダビデは条件として要求された倍の200人を殺し、サウル王は次女ミカルを彼に与えざるをえなくなりました。勇敢な戦士として人気を集める若き英雄ダビデをミカルが心から愛していることも、サウル王のダビデへの憎悪を、いっそう強めました。

ついに、サウル王は家臣全員にダビデ殺害を命じますが、サウルの息子ヨナタン（英語名ジョナサン）は親友であるダビデをかばい、父王を制止します。サウル王は、息子ヨナタンの前では、いったんあきらめたフリをしつつ、ダビデがミカルと暮らす家に兵士を派遣し、ダビデ殺害計画を密かに実行に移します。ミカルが襲撃に気づいて窓からダビデを逃したものの、それまでイスラエル王国最大の英雄であった彼は以後、サウル王から追われる身となってしまうのでした（サムエル記上18章12節〜19章17節）。

殺したい相手から王は2度もいのちを救われる

サウル王の追手から逃亡するダビデの周囲には、彼を慕う者たちが集まりました。その数は400人ほどになりましたが、まだとてもサウル王に対抗できる勢力ではなく、いつ攻め滅ぼされてもおかしくない状況でした。部下たちはダビデがイスラエルの新たな王になってほしいと強く望んでいましたが、ダビデ自身は忠誠を誓ったサウル王と戦う気持ちはなく、王との戦いを避けるために、時には敵国にも身を寄せ、ひたすら逃亡生活を続けていました。サウル王は、逃亡中のダビデをノブ（英語名ノーブ）の町で援助した祭司の一族86人と全町民を皆殺しにしようとします。ひとりだけ逃れたアビアタル（英語名エイビエサール）は以後、生涯、ダビデに仕える祭司となります（サムエル記上22章1節〜23節）。

サウル王は軍を率いてダビデの行方を追い、幾度も彼を捕らえようとします。ダビデが死海北西岸のエン・ゲディ（英語名アイン・ゲディ）を拠点としていた頃、ダビデと部下たちが奥に潜んでいる洞窟に、サウル王が従者を伴わずにひとりで、用を足すために入ってきたことがありました。ダビデの部下たちは高ぶる声を殺して「神が王のいのちをあなたに渡されたのです」と、この千載一遇《せんざいいちぐう》の好機にサウル王を殺すように進言しますが、ダビデは「神が選ばれた王は殺せない」と首を横に振ります。ダビデは背後から忍び寄り、用を足している最中のサウル王の上着の端を密かに切り取りました。洞窟を出た王にダビデは後ろから声をかけ、切り取った上着の端を見せます。

「わが王よ、今日、神があなたのいのちをわたしの手に委《ゆだ》ねられました。あなたを殺すこともできましたが、そうしませんでした。わたしは、あなたと戦うつもりはありません。神が、あなたとわたしのあいだを裁いてくださいますように」

サウル王は、自分がいのちを救われたことを理解し、涙を流して感動します。

「わが子ダビデよ、悪意をもって接したわたしに、お前は善意をもって対してくれた。お前は正しい。ダビデよ、お前が王となるなら、わが子孫は殺さないと約束してくれ」

ダビデが誓うと、サウル王は軍を退《ひ》きました（サムエル記上24章1節〜23節）。

ところが、時間が経つにつれて、サウル王のダビデへの殺意は、またしても膨《ふく》れ上がります。ダビデがジフ（英語名ズィフ）の荒れ野に潜伏しているとの情報を得たサウル王は、ふたたびダビデ討伐《とうばつ》の軍を起こしました。サウル王の軍とダビデ軍が距離をおいて対峙《たいじ》したその夜、ダビデは従者ひとりだけを伴って果敢《かかん》にも敵陣に侵入し、熟睡しているサウル王の枕元から水差しと槍を持ち去ります。この時も、同行した従者は、目の前で熟睡しているサウル王を殺すようにダビデに強く進言し、彼にその気があれば実行は可能でした。しかし、この時もダビデは、「神が選ばれた王は殺せない」と、かたくなに拒むのでした。

ダビデは敵陣を脱出して自軍のほうへ戻ると、すぐに攻撃されない離れた場所から敵軍のサウル王を呼び出し、彼の枕元から奪った水差しと槍を見せます。

「王よ、あなたの枕元にあった水差しと槍は、今、どこにあるとお思いですか。この水差し出された槍は、わたしにあなたを殺す意思がないという証明です」

サウル王は、ダビデが自分を殺さずに見逃したと知り、またも心を揺さぶられます。

「わが子ダビデよ、わたしが間違っていた。2度までもわたしのいのちを取らずにいてくれたお前には、決して危害は加えない。だから、わたしのもとへ帰ってきなさい」

サウル王は実の息子に対するかのように感情を込めて呼びかけましたが、それを信じて殺されるほど、ダビデは愚かではありませんでした。サウル王は軍を退き、これがふたりの最後の対面となりました（サムエル記上26章1節〜25節）。

恩知らずな富豪に裁きが下り賢妻は王に嫁ぐ

カルメル（英語名カーメル）の地で羊3000匹と山羊1000匹を所有する、ナバル（英語名ネイボー）という裕福な男がいました。ダビデと部下たちは、ナバルの家畜を世話する牧童をかつて警護したことがあったので、サウル王から逃げていた時期にダビデはナバルを頼ることを思い立ち、支援を求めて使いの者を出します。しかし、ナバルは、過去に受けた恩義をなにもおぼえていないかのように、暴言を吐きました。

「わたしに恩を売ったつもりでいるダビデとは何者か？　最近は主人のもとを逃げ出す奴隷が多い。どこのだれともわからぬ者を、いちいちわたしに援助しろと言うのか」

使者がナバルの言葉をそのまま伝えると、ダビデは激怒し、こう宣言しました。

「あの男は、善意に悪意で報《むく》いた。明日の朝陽《あさひ》が射《さ》すまでにナバルの関係者がひとりでも生き延びているようなら、神がこのダビデを幾重《いくえ》にも罰してくださるように――」

ダビデは武装した部下たち400人を従えて、ナバルのもとへ向かいます。ナバルの召使いは事前にダビデの動きを察し、ナバルの妻アビガイル（英語名アビゲイル）に「ご主人様は恩義あるダビデ様を怒らせて、この家に災いをもたらそうとしています」と進言しました。機転の利《き》くアビガイルは慌てて集められるだけの食糧を用意してロバで運び、こちらへ向かってくるダビデと部下たちを、ひれ伏して迎えました。

「ダビデ様、はしための言葉をお聞きください。愚か者ナバルのことなど、どうかお気になさらないでください。これから神があなた様をイスラエルの指導者として立てられる時、あなた様がナバルのような小人物に復讐したことを思い起こされたら、きっと、ご自身をお責めになるはずです。はしためが持参した贈り物を、どうかお受け取りください。そして、あなた様が神のお恵みを受けられる時には、はしためのことも思い起こしてください」

夫の無礼を心から詫び、平身低頭して贈り物を差し出すアビガイルは、ダビデに神の恵みが注がれることを確信しているようでした。その時のダビデは、サウル王からいのちをねらわれ逃亡している最中で、明日も知れない身でした。アビガイルの言葉は耳に心地よく、自信も得られたことでしょう。ナバルから受けた非礼がどうでもよく思えるほどダビデはアビガイルの言葉に感じ入り、すっかり怒りを鎮《しず》めて、引き返します。

アビガイルが家に帰ると、夫ナバルは大宴会を催《もよお》し、だらしなく酔っ払っていました。翌朝、ナバルの酔いが醒《さ》めるのを待ってから、アビガイルは「あなたがしたことのために、わたしたちは、ダビデ様に皆殺しにされるところでした」と伝えます。ナバルはショックのあまり意識を失って倒れ、寝たきりとなって10日ほど後に死亡しました。

ナバルが死んだことを知ったダビデは、「われわれを侮辱したナバルに裁きを下された神が讃《たた》えられるように」と神に感謝し、アビガイルを妻として迎えます。ダビデが最初に結婚したサウル王の娘ミカルは、ダビデの逃亡後、別の男と結婚させられていました。ダビデは逃亡中にアヒノアムという女と結婚しており、アビガイルは逃亡中にめとったふたりめの妻ということになります（サムエル記上25章2節〜44節）。

信頼する兵士たちから憎悪され殺されかける窮地

ダビデがツィクラグ（英語名ズィクラグ）という町を拠点にしていた頃、ダビデと彼に従う兵士たちが戦場に出ているあいだに、町がアマレク人（英語名エマレカイッ）の襲撃を受けました。アマレク人とは、イスラエルの国名の由来であるヤコブと争った双子の兄エサウの子孫で、イスラエルと根深い敵対関係にあった民族です。かつての双子の兄弟喧嘩が、時を超えて、今や民族同士の争いとなっていたのです。

ツィクラグに戻ると、ダビデのふたりの妻（アヒノアムとアビガイル）も含めて、兵士たちの妻子や家族は、ことごとく連れ去られ、町は焼き払われていました。兵士たちは、家族を奪われた怒りの矛先《ほこさき》を、それまで慕《した》い続けてきたダビデに向けます。たとえ彼らがいつもは忠実な部下たちであったとしても、自分たちが遠征から帰ってきた時に家族全員が連れ去られていたら、指揮官ダビデの責任を追及したくなる気持ちも理解できます。しかも、彼らが拠点としていた町は焼き払われ、財産をすべて奪われてしまったのですから、だれかを責めずにはいられなかったでしょう。兵士たちは、それまで指導者として仰いできたダビデを責めたばかりか、彼を石で打ち殺そうとします。ダビデを殺しても、連れ去られた家族が戻ってくるわけではないのですが、そのくらい激しい憤りでした。

信頼する部下たちが殺意を持って迫ってくるというのは、まさしく最大の窮地です。ここでダビデが殺されていれば、のちにイスラエル王国が確立されることはなかったでしょう。しかし、いついかなる時も神を信じるダビデは、祭司アビアタルに神の声を聞くように命じます。すると、「敵を今から追撃すれば、追いつき、すべてを奪い返せるだろう」という神の答えが返ってきました。ダビデは神の守護を感じて、すぐさま自信を取り戻すと、今にも自分を石で打ち殺そうと取り囲んでいる兵士たちを見回し、毅然《きぜん》とした口調で述べます。

「皆の者、うろたえるな。神のご加護は、今も、われらにある。敵を追撃するぞ！」

弱気になれば兵士たちに殺されていてもおかしくない局面でしたが、ダビデの勝算に満ちた表情と頼もしい声は、兵士たちに、だれが彼らの指揮官であるかを、今一度、思い起こさせました。一同は盛大に鬨《とき》の声を上げると、ダビデを先頭に、ただちにアマレク人の追撃を開始しました。

敵が去ったと思われるほうへ向かう途中、ダビデたちは野原で倒れているひとりの男を見つけました。彼らは急いでいたので、無視して通り過ぎてもおかしくありませんでしたが、ダビデは神の導きを感じて馬を止め、その男を助け起こします。空腹で意識を失っていたらしいその男は、話を聞いてみると、アマレク人のもとから逃げ出した奴隷のエジプト人でした。ダビデは、その者に食糧を与えて体力を回復させると、彼の身の安全を保証して、アマレク人のところへ案内させます。男の話を聞く小休止を挟んだことで、ダビデの兵士たちは少し休息でき、なおかつ、怒りで血が上っていたあたまも、だいぶ冷静さを取り戻せていました。ダビデがそのエジプト人の奴隷を助けたことでアマレク人の追撃が容易になり、しかも、敵の不意をつける可能性まで出てきたのです。まさに神の助けでした。

夕暮れ時、浮かれ騒ぐアマレク人の陣営にダビデたちは奇襲を仕掛け、奪われたすべてのものを取り戻すことに成功します。ダビデは、敵から奪った戦利品を、戦場に行った兵士たちだけでなく、彼らの荷物を守るために残った兵士たちにも平等に分けました。のちに、これがイスラエルの法律となります（サムエル記上30章1節〜31節）。

ふたりの王のあいだで数奇な運命を辿る女

長年の宿敵であるペリシテ人とのギルボア山（英語名マウント・ギルボーア）での戦闘で、イスラエル初代国王サウルと彼の息子ヨナタンは死にました。イスラエル12部族のユダ族に属するダビデは、一族の拠点であるヘブロンの地でユダ族の王となります。その一方、サウルの従兄弟の将軍アブネル（英語名アブナー）が、サウルの息子イシュ・ボシェト（英語名イシュ・ボシャス）をマハナイムの地で新しいイスラエルの王に擁立《ようりつ》していました（サムエル記上31章1節〜13節、サムエル記下1章1節〜2章11節）。

アブネル将軍がサウルの側女《そばめ》と寝たのを知ったイシュ・ボシェトは「なぜ亡《な》き父王の側女と寝たのか」と彼を批難しましたが、実権を握っているアブネルは反論します。

「わたしは今までずっとサウル王に仕えてきて、王の死後は、あなたをダビデに売ることもなく、王として立てました。それなのに、あなたは、あの女のことで、わたしを責めるというのですか。わたしは、ダビデを王として立てるべきだったようですな」

アブネルは無能な傀儡《かいらい》イシュ・ボシェトを見限り、ダビデに「あなたを全イスラエルの王にしましょう」と働きかけます。ダビデは、彼がサウル王のもとから逃亡して以来、1度も会えておらず、今は別人の妻となっているミカルを自分に返すことを条件として提示します。アブネルはその条件を了承するとすぐさま動き、ミカルはダビデのもとに戻されます。ミカルと結婚していた夫は、泣きながら彼女を途中まで追いかけましたが、アブネルから「もう帰れ」と言われ、すごすごと去っていきました。

ダビデに寝返ったアブネルは、その後、ダビデの腹心である将軍ヨアブに暗殺されます。一方、アブネルに見放されたイシュ・ボシェトは部下に暗殺され、ダビデは、ついに全イスラエルの玉座にまで上りつめます（サムエル記下3章6節〜5章5節）。

モーセが神から賜った十戒の石板をおさめた契約の箱は、かつてペリシテ人に奪われたことがありましたが、イスラエルがふたたび奪還し、ダビデが王になる前は、キルヤト・エアリム（英語名キリアス・ジーァリム）の地に20年間、安置されていました。イスラエル国王となったダビデは、新しい首都に定めたエルサレム（英語名ジェルサレム）が神の祝福を受けるように、そこに契約の箱を運んでくるように命じます。

レビ族の祭司以外の者が誤って契約の箱に触れたがために死んでしまう事件もありましたが、その後、契約の箱は無事にエルサレムに運び込まれます。新しい都にイスラエルの神を迎え入れたということなので、新国王ダビデは喜びのあまり、歌い、踊り続けます。それを王宮の窓から見下ろしていたミカルは陽気に浮かれ騒ぐ夫を見て王としての品格を疑い軽蔑しますが、その後のふたりの人生を見ると、神に喜ばれたのは、ダビデのほうだったようです。

後年、飢饉が3年続いた時、「この飢饉の原因は、かつてサウルの家がギブオン人（英語名ギベオナイツ）を殺したからだ」という神の託宣《たくせん》が下ります。ダビデ王がギブオン人と話すと、彼らは積年《せきねん》の恨みを忘れる代わりに、サウル王の一族から存命中の7人（サウルの息子ふたりと孫5人）を引き渡すことを要求してきました。その中には、ミカルがダビデではない夫とのあいだに産んだ5人の息子たちも含まれていました。サウル王の次女として生まれ、ダビデを愛し、父サウルからダビデが殺されそうになった時には窓から逃がし、神に歌と踊りを捧げたダビデ王を軽蔑したミカルは、飢饉を鎮めるために息子5人を処刑される、という悲運を辿ることになってしまったのです。ただし、聖書の別の箇所にはミカルは「子を産まないまま死んだ」と書かれているので、ここでミカルの名が出たのは転写ミスで、処刑されたのはサウルの別の娘の子だとする説もあります（サムエル記下6章1節〜23節、21章1節〜14節）。

王子の禁断の恋は壮絶な結末を迎える

ダビデ王によるイスラエル王国統治は盤石のまま、歳月が流れました。そして、ダビデが晩年期を迎えつつあった頃、ダビデの長男アムノンは、腹違いの妹タマル（英語名テイマー）に恋をしてしまいます。アムノンは病気を装《よそお》ってタマルを呼び出し、彼女に関係を迫りました。当然ながら、タマルは、異母兄に必死で抵抗します。

「このようなことは、イスラエルでは、ゆるされません！　どうか、まずは王にお話しください。そうすれば、王は、わたしをあなたにお与えになるはずです」

王が認めた正式な婚姻であれば良い、と認めたわけではなく、その場を逃れるための言葉であったかもしれません。婚外交渉は大きな罪ですから、タマルとしては、なんとしてもそれは回避したかったのです。ところがアムノンは異母妹の申し出を無視して、力ずくで彼女を征服します。そして、いったん関係を持ってしまうとアムノンはタマルに急に憎しみを覚え、「立て、そして出て行け」と命じました。タマルは、「わたしを追い出すというのは、今なさったことより大きな悪です」と異母兄を責めますが、アムノンは従者を呼んでタマルを追い出させます。タマルは半狂乱になり、泣き叫びながら走り去り、同じ母から生まれた兄でダビデの三男アブシャロム（英語名アブサラム）を頼ります（彼の名は「アブサロム」と表記されることもあります）。

アブシャロムは、同母妹タマルを日頃からかわいがっていたので、異母兄アムノンのした仕打ちに当然のごとく激しい怒りを覚えました。しかし、アブシャロムは憤りを外へ吐き出さず、以後、復讐心という猛獣を体内で飼い慣らすことになります。

アムノンがタマルにした仕打ちをアブシャロムから報告されたダビデは、「アムノンの愚か者め！　あやつは、なんということをしでかしたのだ！」と、アブシャロムの前では怒って見せたものの、大きな愛情を注いで甘やかしてきたアムノンを直接叱責《しっせき》することは、ありませんでした。そんな父の欺瞞《ぎまん》を見透かすかのようにアブシャロムの目は冷たく、彼は重大な決意を秘め、傷ついた妹を慰めながら、辛抱強く復讐の機会を窺《うかが》い続けることになります。

ほとぼりが冷めるまで2年ほど待ってから、アブシャロムは彼の飼う羊の毛を刈る者たちを集めて酒宴を企画し、ダビデ王と王子たち全員の列席を希望しました。ダビデ王は、アブシャロムに秘密の危険な意図があると見抜いたわけではなく、「皆で行けば、お前の重荷になってしまうだろう」との配慮から申し出を断りますが、王子たち全員の列席は許可しました。

酒宴当日、「アブシャロム王子が、酒宴の席で、ほかの王子全員を殺しました!」という信じ難い知らせが届いて、ダビデ王は絶望のあまり衣を裂いて、よろめきながら地面に倒れ伏します。ところが、最初の知らせは誤報でした。実際に殺されたのは長男のアムノンだけで、ほかの王子は逃亡し、ダビデ王のもとに帰還したのです。再会したダビデ王と王子たちは、アブシャロムが異母兄アムノンを殺したことを悲しみ、全員で激しく泣きました。

アムノン殺害後、アブシャロムは国外に逃亡しました。最愛の長男アムノンを殺されたダビデの喪失感は大きかったのですが、彼は加害者である三男アブシャロムのことも愛しており、また、アムノンに妹タマルを犯した非があることを理解していましたので、やり場のない悲しみを胸に抱いていました。腹心のヨアブ将軍ら周囲の者たちから説得され、ダビデ王は最終的にアブシャロムを呼び戻し、いったん和解することになります。ですが、アムノンの蛮行から発生したこの確執は、以後も尾を引いて、ダビデの王家に最大の愛憎劇を生み出すことになります（サムエル記下13章1節〜14章33節）。

父王を裏切った王子の悲惨な最期

父ダビデ王と和解したものの、執念深いアブシャロムの復讐心は、まだ鎮まっていませんでした。妹を犯したアムノンは殺しましたが、アムノンを黙認したダビデ王への復讐は、まだ完遂《かんすい》していなかったのです。妹想いなのだとしても、アブシャロムの執念には驚かされます。そんな執念深い性格からすると意外な感じもしますが、アブシャロムは若い頃のダビデ王のように美しい外見をしていたようで、イスラエルの民衆のあいだで人気がありました。いずれ父ダビデ王を倒すための布石《ふせき》として、アブシャロムは積極的に民衆に語りかけ、少しずつ人心を掌握《しょうあく》します。感情に任せてすぐに動くのでなく、目的達成のために充分な時間をかけ万全の準備をするところに、アブシャロムの用意周到な性格が窺えます。

ダビデ王の拠点は、彼がイスラエル王国の首都に定めたエルサレムです。アブシャロムも和解後の4年間、父王を安心させる意味もあり、エルサレムで暮らしていました。ですが、アブシャロムは40歳になった年の終わりに、もっともらしい口実をつくって父王からヘブロンを訪れる許可を得ます。かつてダビデがユダ族の王として即位し、7年のあいだ拠点としていたヘブロンの地に入ると、「自分こそが新しい王となり、今後は父に代わって全イスラエルを統治する！」と、アブシャロムは高らかに宣言します。ヘブロンの住民は、ダビデ王が自分たちの町を捨ててエルサレムに遷都したことをかねてより不満に思っていましたので、新しい王の誕生を歓迎します。すべては、アブシャロムの計算通りでした。

アブシャロムが王として名乗りを上げ、多くのイスラエル民族がそれに従っているという知らせを受けたダビデは、既に老境に達していて、かつての覇気はなく、驚くほど潔くあきらめ、エルサレムを捨てて逃げ出します。若い頃の勇猛果敢なダビデから考えると信じられない行動ですが、彼は家族想いだったので、愛する息子と戦いたくない、という気持ちも大きかったのでしょう。ダビデと彼に同行する兵士たちは全員があたまを抱え、泣きながらオリーブ山（英語名マウント・オブ・オリヴズ）を登った、と聖書は伝えています。イスラエル王国の統治を確立して隆盛に導いた偉大な王の姿としては、信じられないほどの落魄《らくはく》ぶりです。

大軍を率いて新王としてエルサレムに入ったアブシャロムは、ダビデの威信をさらに失墜させるために父王の側女たちを建物の屋上に引き出すと、大衆の面前で彼女たちを順番に犯し、辱《はずかし》めるのでした。同母妹を犯されたことへの根深い復讐の気持ちもあったのかもしれません。

その時、アブシャロムは、エルサレムに入城した勢いのままダビデを追撃して滅ぼすことが可能でした。実際、ソロモンの母であるバト・シェバの祖父アヒトフェル（英語名アヒソフェル）は、「ダビデを殺すには、今しかありません」と進言していました。ですが、ダビデがエルサレムに残していたスパイの「ダビデが百戦錬磨であることをお忘れなく。用心すべきです」という制止により、アブシャロムは、いったん追撃をやめます。アヒトフェルは、ダビデを殺せる唯一の機会を逸したことを悟り、絶望し、自殺してしまいます。バト・シェバの祖父が、そこまで強くダビデの死を願ったことを考えると、彼は、孫であるバト・シェバとダビデの結婚を喜ばず、密かにダビデをずっと憎んでいたのかもしれません。

その後、ダビデのもとには次第に兵が集まり、アブシャロムの軍と戦闘になります。アブシャロムはその戦闘中、森の中をラバで駆けている時に樫の大木の絡まり合った枝に彼の長髪が引っかかって宙吊りになったところを、ダビデの将軍ヨアブに容赦なく刺し殺され、あっけない最期を遂げました。アブシャロムの死を知ったダビデは、彼に謀《む》反《ほん》を起こされ殺されかけていたにもかかわらず、「わが息子アブシャロムよ。わたしがお前の代わりに死んでやれば良かったのだ。わが息子よ……」と、激しく嘆き悲しむのでした（サムエル記下15章1節〜19章1節）。

王になれなかった男は父の側女を欲して討たれる

年老いたダビデ王は、どれだけ服を着込んでも体が冷えるので、家臣たちがイスラエルの国中を探して選ばれた美女アビシャグ（英語名アバシェグ）に、いつも寝床の中で体を暖めてもらっていました。ダビデ王は老齢で体力も極度に衰え精力も尽きていたため、ふたりに体の関係はなく、アビシャグは王を暖めつつ、お世話をする側女でした。

ダビデ王がいよいよ衰弱し始め、彼の命数が尽きようとしていることを周囲が悟り始めた頃、四男アドニヤ（英語名アドナイジャ）は玉座を渇望し、ダビデ王の腹心であるヨアブ将軍と祭司アビアタルに近づき、彼らを味方につけました。ダビデのもとで絶大な功績のあるヨアブは最高指揮官の将軍であり、アビアタルは神の声をダビデに伝え続けてきた人物です。両名を従えたアドニヤは、次の王になれることを確信しました。アドニヤは、兄弟の王子たちや重臣たちを招いた場で「わたしは次の王になる」と宣言し、家畜を屠《ほふ》って神に捧げます。ただし、その場にすべての兄弟と重臣たちが列席していたわけではなく、そのようなアドニヤの独断専行を快《こころよ》く思わない者たちもいました。

かつてダビデ王がバト・シェバと不倫した時、神の怒りを王に伝えて諫《いさ》めたこともある預言者ナタン（英語名ネイサン）は、バト・シェバのもとを訪れ、「アドニヤ王子が父王のゆるしも得ずに勝手に王になろうとしています。あなたはダビデ王を訪れ、かつて彼があなたに誓ったように、ソロモンを王とするように進言しなさい」と助言します。

バト・シェバはダビデ王の寝室を訪れると、病床で美女アビシャグにお世話されている老いたダビデにアドニヤ王子が勝手に王になろうとしている事情を説明します。その上で、かつてダビデがバト・シェバに約束していた通り、ソロモンを次の王にするように求めました。すぐ外で聞き耳を立てていたのか、タイミング良く預言者ナタンも途中から入室してきて、バト・シェバの言葉を裏づけ、彼女を支持します。ダビデ王は既にかなり衰弱していたので、どこまで正常な思考を保っていたのかはわかりませんが、バト・シェバとナタンの申し出を受け容れ、ただちにソロモンを次の王にするように、との勅令《ちょくれい》を下しました。

アドニヤは王子でしたから正統に王位を継承する資格はあったのですが、年老いて衰えたとはいえ王位にある父ダビデを無視して勝手に即位の話を進めようとしたことが、彼の最大の失敗でした。それに対し、あくまで王にお伺いを立てるという筋を通したバト・シェバとナタンの推すソロモンを、結果的にダビデ王は支持したのです。もちろん、預言者ナタンの意見は彼が神から預かった言葉である、ということも当然、考慮に入れていたでしょう。

ダビデ王のラバに乗ったソロモンは祭司ツァドク（英語名ゼイダーク）から油を注がれて正式にイスラエルの王となり、民衆は「ソロモン王、万歳！」と歓喜します。ソロモンが先代ダビデの承認を受けて即位し、ダビデはまだ存命中だったので、アドニヤは逆らうことができませんでした。ソロモンの即位を否定することは前王ダビデに逆らうことと同じであり、自分が謀反人となってしまうからです。アドニヤは弟ソロモンに忠誠を誓い、臣従します。王となったソロモンは「あなたが正しくふるまうなら、なにも危害を加えない。だが、悪を行うなら、あなたは必ず死なねばならない」と、アドニヤに伝えました。

それから間もなくダビデは死にました。ダビデの死後、アドニヤはバト・シェバのもとを訪問し、「わたしは王位をあきらめたのですから、せめて父ダビデのお世話をしていた美女アビシャグをわたしにくださるよう、あなたからソロモン王に言ってくださ い」と頼みます。バト・シェバはソロモン王にその話をしますが、彼は「父の側女を欲しがるとは何事か」と激怒し、その日のうちにアドニヤを殺害してしまいました。また、ソロモンは、ダビデにずっと仕えてきたアビアタルの祭司職を、彼がアドニヤを支持したことを理由に剝奪《はくだつ》し、追放したのでした（列王記上1章1節~2章27節）。

前王の汚れ仕事を担《にな》った剛腕将軍が裁かれる

ダビデ王の時代に将軍として名を馳《は》せたヨアブは、ダビデの甥でした。イスラエル初代国王サウルの死後、王子イシュ・ボシェトを擁立した将軍アブネルの軍と戦った際、ダビデ軍を指揮していたのはヨアブでした。その戦闘で、ヨアブの弟アサエル（英語名アサヘル）がアブネルを追撃したものの、返り討ちになってしまったことがありました。ヨアブは、弟を殺したアブネルを憎悪していました。その後、アブネルは無能な傀儡イシュ・ボシェトを見限ってダビデに臣従し、ダビデがイスラエル国王となることに貢献したのですが（114ページ参照）、ヨアブはアブネルを個人的に呼び出すと、刺し殺してしまいます。この事件は、「ダビデをイスラエル国王につけた最大の功労者アブネルが、用済みになったとたんに王から非情にも抹殺された」——とも解釈できる状況でしたが、ダビデはアブネルの死を強く嘆き悲しんでいたので、人々はダビデの命ではなくヨアブが個人的な恨みから勝手にアブネルを暗殺したことを察しました。ですが、ヨアブはダビデの甥であり、イスラエル全軍を指揮する剛腕の将軍なので、罰せられることはありませんでした。

その後、イスラエル国王となったダビデは、本書のまえがきでご紹介したように、バト・シェバを妊娠させてしまった事実が夫に知られないように、善良な戦士ウリヤを前線に送って殺してしまったわけですが、実際にウリヤを死なせたのは現地で指揮をしていたヨアブ将軍でした。ヨアブとしては、有能な部下ウリヤを殺すことでダビデ王に貸しをつくり、弱みを握った形です。ダビデ王でさえ遠慮せざるをえないヨアブ将軍に意見できる者は、どこにもいませんでした。

父ダビデ王に謀反を起こした王子アブシャロムが森の中で宙吊りになった時、兵士たちは、自分の手で王子を殺すことを恐れましたが、ヨアブは躊躇《ちゅうちょ》せず刺し殺しました。

しかも、息子の死を嘆き悲しむダビデ王を、「あなたが悲しんでいると兵の士気が下がってしまう。さあ、兵の前に出て彼らを讃えてください」と、叱責するほどでした。

その後、ダビデ王は抵抗勢力を倒すために甥のアマサ（英語名アメイサ）を指揮官に任じて兵を集めるように命じますが、アマサは兵を集めるのに手こずります。移動中にアマサに遭遇したヨアブは、彼に「おおっ、兄弟」と親しげに呼びかけ、近寄ってくるアマサを有無を言わさず刺し殺し、遺体はそのまま放置する、という傍若無人《ぼうじゃくぶじん》ぶりでした（サムエル記下20章4節～13節）。

ダビデ王は後継者であるソロモンへの遺言の中で、「罪のないアブネルとアマサを殺したヨアブを、楽に死なせてはならない」と命じていました。ヨアブは、ソロモンではなくアドニヤを次の王に担《かつ》ごうとしていたので、アドニヤが殺され、祭司アビアタルが追放されたと知ると逃亡しますが、ソロモンの部下により殺されました。ダビデ王のもとで剛腕をふるい、汚れ仕事を一手に引き受けていた悪の将軍は、最後は、みずから流した血の報《むく》いを受けることになったのです（列王記上2章28節～35節）。

神に愛された人類最高の賢者が犯したあやまち

本書のまえがきでもご紹介したように、父ダビデ王の後継者となったソロモン王は、神から人類最高の知恵を与えられていました。エルサレムの地に7年かけて神殿を完成させたことも、ソロモン王の代表的な業績のひとつです。それ以前の神は、イスラエル民族に指示して屋外につくらせた移動式の聖域――「幕屋《まくや》」(英語名タバナクル)――の「至聖所《しせいじょ》」(英語名ホーリー・オブ・ホーリーズ)と呼ばれるテントの中に、1年に1度だけ、大祭司の前に出現していました。ダビデ王が神殿をつくろうとした時、神は「ダビデよ、お前の手は多くの戦いの血で汚れすぎているから、聖なる神殿をつくってはならん。だが、次の王となるお前の子には神殿をつくらせよう」と語っていました。平和な時代の王であるソロモンは、神から許可されて神殿を建造したのです。これが「ソロモン神殿」(英語名ソロモンズ・テンプル)とも呼ばれる、いわゆる「第一神殿」(英語名ファースト・テンプル)です。

そのように、父王ダビデと同じく神から愛され、イスラエル王国を磐石のものとしたソロモン王ですが、国内だけでなく周辺諸国からも迎え入れた700人の王妃と300人の側室たちの影響で、異教の神々を崇拝するようになってしまいます。これについては、神が「異国の者に心をゆるしてはならない。彼らは、異教の神々によってお前たちを惑《まど》わせることになる」と警告していたのですが、ソロモン王は人類最高の賢者でありながら、異国の美女たちの色香に惑わされて、ついに道を踏み外してしまったのです。だれよりも聡明なソロモン王のことですから、それが神に忌避《きひ》される罪深い行為であることは、もちろん、よく理解していたはずです。あたまではそうわかっていても、つい罪を犯してしまうのが、人間の弱さであり、業《ごう》なのでしょう。アダムとイヴから続く、人間が罪に傾くこの根本的な傾向は、キリスト教では「原罪《げんざい》」(英語名オリジナル・シン)と呼ばれています。賢者ソロモンでさえも、罪に傾く人間の性質を理性で完全に克服することは、ついに、できなかったのです。

ソロモン王に同情し、フォローするとすれば、彼が異国の美女に誘惑され異教の神々を崇拝するようになったのは、老境に入ってからだったようです。若い頃には、どれだけ明晰《めいせき》な判断ができた者も、老いて肉体と精神が弱まると正常な判断ができなくなることは、だれにでも起こり得ます。ダビデ王も、年老いて謀反を起こされた時には抵抗する気力さえなかったことは既に述べた通りです。ソロモン王が道を踏み外したのは彼が老境に入ってからであった、という点には、少し同情の余地があるかもしれません。

父ダビデ王は、バト・シェバとの不倫事件はあったものの、その時期も含めて生涯、神に忠実で、神からも愛され続けました。息子のソロモン王は、老年期に完全に道を踏み外し、この罪により、神は、ソロモン王の死後に王国を分裂させることを予言します。ダビデが神に忠実であったことに免じて、ソロモン王が生きているあいだは王国が維持されますが、彼が晩年期を迎えるにつれて少しずつ各地で叛乱が発生し始め、子孫の代への不安を抱えた中で、偉大な王は地上を去りました（列王記上5章15節～11章43節）。

第4章

王国分裂とバビロン捕囚時代の愛憎劇

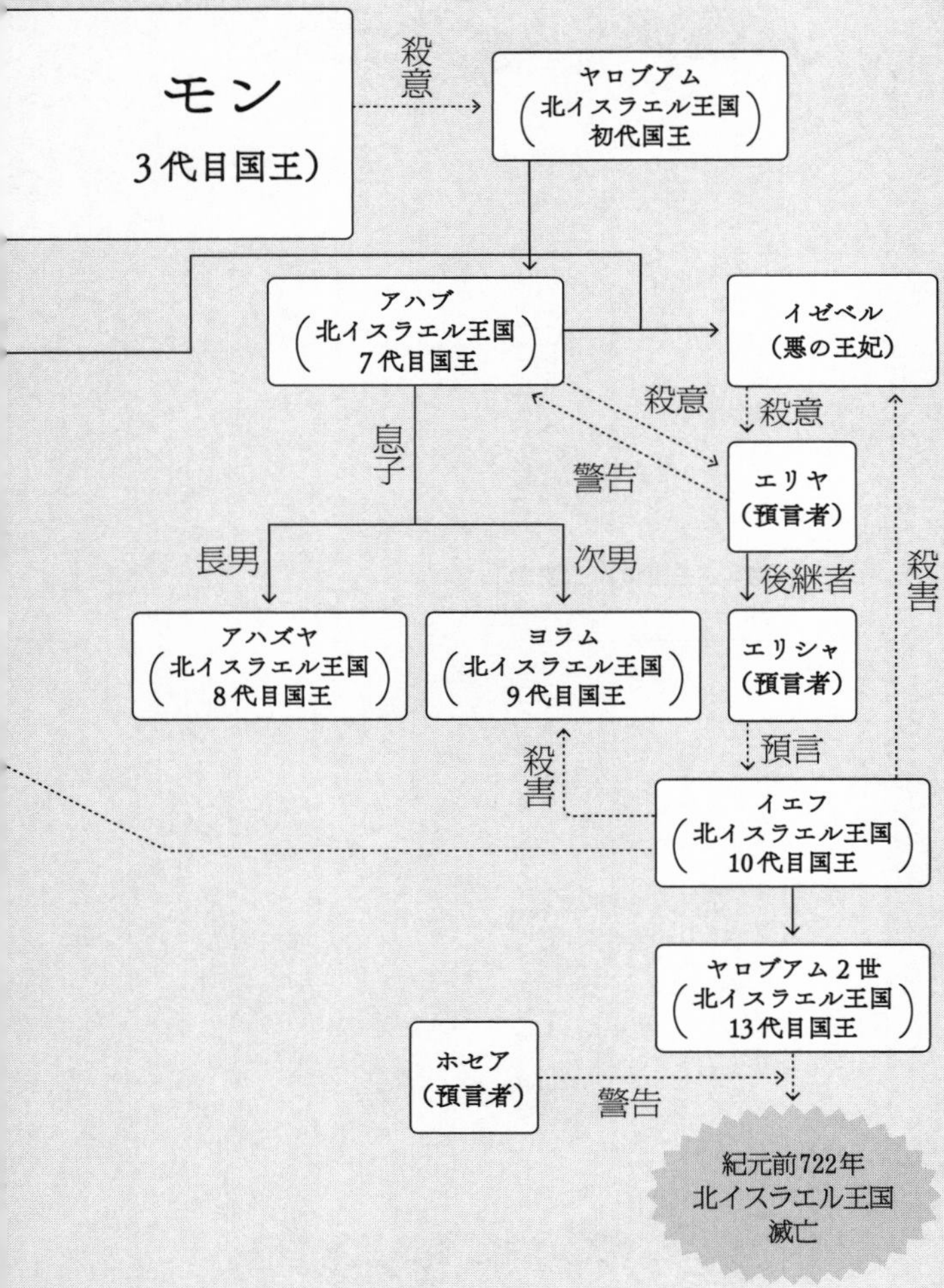
モン
3代目国王）
殺意
ヤロブアム
（北イスラエル王国 初代国王）
アハブ
（北イスラエル王国 7代目国王）
イゼベル
（悪の王妃）
殺意
殺意
警告
息子
エリヤ
（預言者）
長男
次男
後継者
殺害
アハズヤ
（北イスラエル王国 8代目国王）
ヨラム
（北イスラエル王国 9代目国王）
エリシャ
（預言者）
殺害
預言
イエフ
（北イスラエル王国 10代目国王）
ヤロブアム2世
（北イスラエル王国 13代目国王）
ホセア
（預言者）
警告
紀元前722年
北イスラエル王国
滅亡

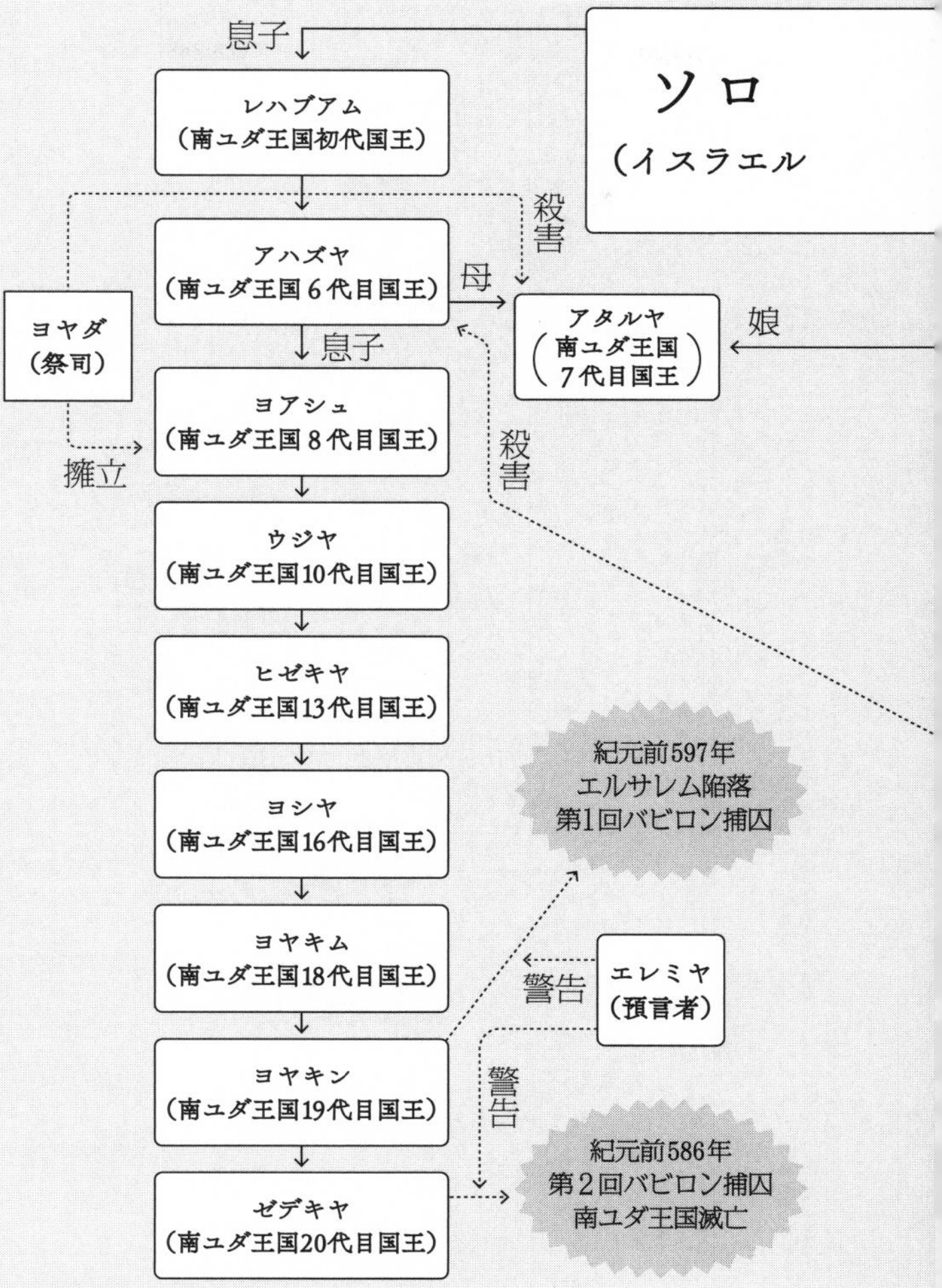

ソロ
（イスラエル
息子
レハブアム
（南ユダ王国初代国王）
殺害
アハズヤ
（南ユダ王国6代目国王）
母
アタルヤ
（南ユダ王国
7代目国王）
娘
ヨヤダ
（祭司）
息子
ヨアシュ
（南ユダ王国8代目国王）
擁立
殺害
ウジヤ
（南ユダ王国10代目国王）
ヒゼキヤ
（南ユダ王国13代目国王）
紀元前597年
エルサレム陥落
第1回バビロン捕囚
ヨシヤ
（南ユダ王国16代目国王）
ヨヤキム
（南ユダ王国18代目国王）
警告
エレミヤ
（預言者）
ヨヤキン
（南ユダ王国19代目国王）
警告
紀元前586年
第2回バビロン捕囚
南ユダ王国滅亡
ゼデキヤ
（南ユダ王国20代目国王）

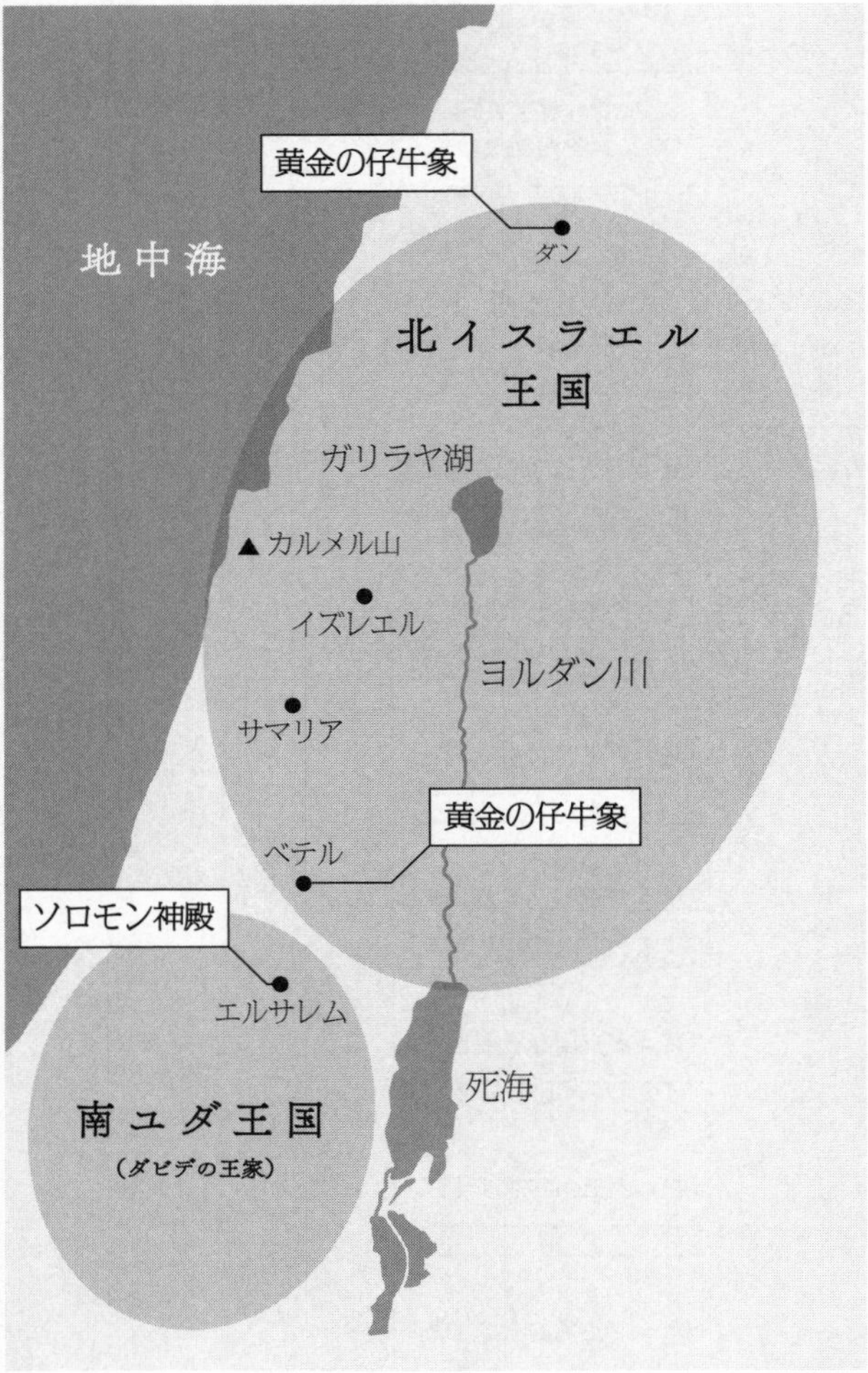
黄金の仔牛象
ダン
地中海
北イスラエル
王国
ガリラヤ湖
▲カルメル山
イズレエル
ヨルダン川
サマリア
黄金の仔牛象
ベテル
ソロモン神殿
エルサレム
死海
南ユダ王国
（ダビデの王家）

偉大な王も恐れた神に選ばれた男の大罪

ソロモン王がまだ生きていた頃、彼は工事現場で働くヤロブアム（英語名ジェロボアム）という有能な男を見出し、現場監督に任命しました。ある時、ヤロブアムの前に神の預言者《よげんしゃ》が現れ、「神はソロモンが犯した異教の偶像崇拝の罪ゆえに王国を引き裂かれる。そして、イスラエル12部族のうち、10部族がお前に与えられる」と告げます。この話を伝え聞いたソロモン王は彼の殺害を部下に命じますが、ヤロブアムは事前に察してエジプトに逃げ、ソロモン王が死ぬまでそこに潜伏しました。異国から招いた王妃たちの影響で異教の神に傾倒しながらも、ソロモンがヤロブアムを脅威と感じたのは、自分の罪の自覚と、イスラエルの神への畏《おそ》れがまだ心の中に残っていたからこそでしょう（列王記上11章26節～40節）。

ソロモンの死後、跡を継いだのは息子のレハブアム（英語名レイオボアム）でした。エジプトから戻ってきたヤロブアムは民衆を代表してレハブアム王に「民衆の税を軽くしてください。そうすれば、わたしたちは喜んで、あなたに仕えます」と訴えますが、王は長老たちの助言に耳を貸さず、経験の浅い若い取り巻きたちの意見に影響されて、さらに税を重くします。これに民衆は怒り、北の10部族は南の2部族と決別し、ヤロブアムを新たに王としました。ダビデ王とソロモン王が隆盛へ導いたイスラエル王国は、ヤロブアム王の治める北イスラエル王国と、レハブアム王の治める南ユダ王国に分裂したのです。この分裂は、それから数百年、ふたつの王国がそれぞれ滅びるまで続き、ふたたび統一されることはありませんでした。

神に選ばれて王となったヤロブアムでしたが、神殿のあるエルサレムは南ユダ王国にあるので、神を崇める場所を失ってしまいました。その時、ヤロブアムは神の声を聞くべきでしたが、自分の判断で黄金の仔牛像を2体つくって王国北端近くのダンと南端近くのベテル（英語名ベスゥ）に設置し、それを神の代わりとして崇拝するように、北イスラエル王国の民衆に呼びかけました。これは、かつてモーセがシナイ山に登っていたあいだにアロンが犯した過ち（72ページ参照）と同じく神が明確に禁じている偶像崇拝の大罪ですが、ヤロブアム以後も北イスラエル王国の王たちは代々、聖書で「ヤロブアムの罪」と言われるこの偶像崇拝を続け、数々の悲劇に見舞われることになります（列王記上11章43節~12章33節)。

預言者を殺そうとして犬に食われた悪の王妃

北イスラエル王国の7代目アハブ王(英語名キング・エイハブ)は、それ以前のどの王よりも悪を行《おこな》ったと伝えられます。旧約聖書における「悪」とは、神がイスラエル民族に与えたモーセの律法に反する行為です。その最たるものは、王妃イゼベル(英語名クイーン・ジェゼベル)という妻の影響で、イスラエルの神を忘れ、北イスラエル王国の首都サマリアに建立した、異教の神バアルの神殿。この時代の預言者エリヤ(英語名プロフィット・イライジャ)はアハブ王に、「あなたの犯した罪ゆえに、今後、数年間、雨が降らなくなる」と告げます。その言葉通り以後3年間、まったく雨が降らなくなり、人々は旱魃《かんばつ》と飢饉に苦しめられました。そんな中、預言者エリヤは「アハブのもとへ行け。雨を降らせる時が来た」という神の言葉を受け、ふたたびアハブの前に姿を現し、異教の神の預言者たちとの対決を申し出ます(列王記上16章29節~18章19節)。

カルメル山(英語名マウント・カーメル)に集められた異教の神バアルの預言者450

人に対して、対峙するイスラエルの神の預言者エリヤは、たったひとりでした。バアルの預言者たちは、生贄の牛を捧げて朝から午後まで狂ったように叫びながらバアルに祈りますが、なにも起こりません。そこで、エリヤがイスラエルの神に祈ると、天から炎が降り注いで生贄を焼き尽くしました。エリヤが勝利したことで、バアルの預言者は全員処刑されます。そして、ついに激しい雨が降り始めます（列王記上18章20節〜46節）。

自分が信仰するバアルに仕えていた預言者を全員殺害されたことで、王妃イゼベルは怒り狂い、エリヤの処刑を部下に命じます。エリヤは逃亡しながらシナイ山で神の言葉を受けます。エリシャ（英語名イライシャ）を後継者に任命し、イエフ（英語名ジェフー）という男を王にするように、神はエリヤに命じました（列王記上19章1節〜21節）。

数多くの奇跡を行ったエリヤは、旧約聖書最大の預言者とされ、のちに生きたまま天に上げられます（列王記下2章1節〜18節）。かつて、「最初の人」アダムから数えて7代目の子孫となるエノク（英語名イーノック）は、「義の人」（＝神の正義に従う人）であったため生きたまま天に上げられたと、聖書には記されています。エノクのほかに生きたまま天に上げられたのは、聖書全編を通じて、預言者エリヤと、イエス・キリストのふたりだけです。預言者エリヤは、のちに、モーセと一緒に、イエス・キリストと弟子たちの前に出現したことからも、旧約聖書を代表する重要人物だと言えます。

アハブ王が戦死したあとも、悪の王妃イゼベルは、北イスラエル王国で隠然たる影響力を誇っていました。ですが、のちに将軍から謀反を起こして王となったイエフの命令で宦官《かんがん》たちに窓から突き落とされ、事前にエリヤが預言していた通り、犬に食われて悲惨な最期を遂げることになりました（列王記下9章30節～37節）。

神に用いられ異教の崇拝者を滅ぼし尽くした男

旧約聖書最大の預言者であるエリヤの力を受け継ぎ、並び称されることの多い弟子のエリシャは、北イスラエル王国の将軍であるイエフに使いを出し、「神があなたを選ばれた。あなたはアハブ王の悪の家系を絶たねばならない」と、伝えました。

北イスラエル王国の7代目アハブ王が戦死したあと、長男のアハズヤ（英語名エィハザヤ）が8代目の国王となります。ところが、アハズヤ王は建物から落ちて重傷を負ったことが原因で即位後2年で死んでしまい、アハブの次男ヨラム（英語名ジョラム）が

9代目の国王になります。イエフ将軍は、このヨラム王の部下でした。預言者エリシャから伝えられた神の言葉を信じたイエフは、主君に剣を向ける大義を得て、ヨラム王に対して謀反を起こします（列王記下9章1節〜14節）。

北イスラエル王国のヨラム王が戦闘で負傷したため療養し、南ユダ王国の6代目となるアハズヤ王（北イスラエル王国の8代目とは同名の別人）が見舞いに訪れているところに、戦車に乗ったイエフが軍勢を率いてやって来ました。イエフは、逃げ出した主君ヨラム王を矢で射殺すると、別方向に逃げたアハズヤ王も負傷させ、死に至らしめます。つまり、イエフひとりで南北王国の王ふたりを同時に殺したのです。しかも、ひとつ前の愛憎劇で紹介したイゼベル殺害も、この時でした（列王記下9章15節〜37節）。

イスラエルの長老たちは、「ふたりの王を殺した彼には逆らえない」と恐れをなし、イエフの命令でアハブ王の血を引く70人の王子たちをことごとく殺します。イエフは、そのほかにも、アハブの関係者を見つけ出して皆殺しにし、さらに、移動中に出会った南ユダ王国のアハズヤ王の身内42人も全員殺しました（列王記下10章1節〜14節）。

イエフは、すべての民を集めると、「わたしは今後、異教の神バアルを信仰する。バアルを信仰するすべての預言者や祭司は、わたしのもとへ集まれ」と呼びかけます。そうしてバアルを信仰する者たちが神殿の中に集結したところで、イエフは外から火をつけて全員を焼き殺しました。イエフがイスラエルからバアル信者を一掃《いっそう》したことは、神を喜ばせます。その功績により、神はイエフの子孫を4代目まで王位に就《つ》かせますが、彼らは初代ヤロブアム王がつくった黄金の仔牛を祀《まつ》る偶像崇拝をやめなかったので、イエフ一族による統治は、それ以上は続きませんでした（列王記下10章18節〜36節）。

悪王夫妻の血を引く女が歴史上唯一の女王に

南ユダ王国の6代目アハズヤ王がイエフに殺されたあと、アハズヤの母アタルヤ（英語名アサライア）は、自分が女王となるために、王族をすべて殺そうとしました。イエフがアハズヤの一族をほとんど根絶やしにしたので、残っている者を殺せば自分が女王になれる、と考えたのです。アタルヤの父は、北イスラエル王国屈指の悪王とされるアハブで、母は、悪の王妃とされるイゼベルです。アハブとイゼベルの時代に神が旧約聖書最大の預言者エリヤを遣わしたのは、それだけ悪に傾いた時代であった証しです。エリヤ、エリシャという旧約聖書最大級の善の力を持ってようやくつりあうほど巨大な悪の力を発揮していたのが、アハブとイゼベルの悪王夫妻でした。そして、イスラエルの歴史に特筆される、そのように悪名高い両親の血筋を受け継いだアタルヤも、当然のごとく悪の気質を備えていたのです。自分の息子である王とその一族がほとんど殺されてしまった中で、残っている者を殺しさえすれば自分が女王になれる、などという発想をしている時点で、アタルヤは、まともではありません。そんなアタルヤの恐ろしいたくらみを事前に察知した者が、アハズヤ王の子で生後数か月であったヨアシュ（英語名ジョアシュ）を神殿に匿《かくま》いました。アタルヤは、孫のヨアシュも含めて、生き残っていた王族をすべて殺したと信じて、南ユダ王国の女王となります（同国の王としては7代目ということになります）。イスラエル民族の全歴史を通じて、女王は、このアタルヤただひとりです。

神は、かつてダビデに「お前の子孫から、やがて救世主が生まれる」と、固く約束しました。南ユダ王国の6代目アハズヤ王はダビデとソロモンの家系だったので、もし本当にアハズヤの子孫がそこで全員殺されていたら、神の予言は外れていたことになります。アハズヤの王族を皆殺しにしたつもりのアタルヤは、「わたしは神の予言さえも覆《くつがえ》したのだ」という全能感を味わっていたかもしれません。悪魔に魅入られたかのような、まさに悪の女王です。

女王アタルヤによる南ユダ王国の統治は6年続きましたが、7年目に祭司ヨヤダ（英語名ジェホイアダ）が、それまで匿っていたまだ幼いヨアシュ王子を担ぎ出して正式に王とします。人々は「王様、万歳！」と叫び、賑やかな音楽を演奏し始めました。騒ぎを聞きつけて現れたアタルヤは「何事か！　謀反じゃ！」と叫びますが、祭司ヨヤダの命令であっさり殺されたので、悪の女王の味方は少なかったのでしょう。ヨアシュは南ユダ王国の8代目の国王となり、のちに救世主が生まれることを神が約束したダビデの家系は、彼によって、かろうじて存続したのです（列王記下11章1節～20節）。

神の命令で遊女と結婚させられた預言者

南ユダ王国8代目ヨアシュ王の孫である10代目ウジヤ王（英語名キング・ウザイア）から13代目ヒゼキヤ王（英語名キング・ヘザカイア）までの時代、北イスラエル王国では

13代目のヤロブアム2世（英語名キング・ジェロボアム・ザ・セカンド）が統治していた時代、預言者ホセア（英語名プロフィット・ホゼア）は神の命により、淫行《いんこう》にふける遊女ゴメル（英語名ゴウマー）と結婚し、3人の子供を授かります。北イスラエル王国のイエフの王家がイズレエル（英語名ジェズリール）の地で犯した偶像崇拝の罪を忘れないように、神はホセアに、彼の長男は「イズレエル」と、長女と次男は「憐《あわ》れまれぬ者」、「わが民ではない者」を意味するロ・ルハマ、ロ・アンミと名づけるように命じます（これに対応する英語名はなく、英語訳聖書には名前の意味だけが載っています）。遊女と結婚させられたのみならず、わが子にイスラエル民族の罪を象徴する名前をつけさせられたホセアは、どのような気持ちだったのでしょうか（ホセア書1章1節～9節）。

聖書では、イスラエル民族が異教の神々を崇拝することを男女の姦通《かんつう》になぞらえて、「姦淫《かんいん》の罪」と呼びます。神とイスラエル民族は夫婦の関係であり、夫の立場である神を顧《かえり》みずにイスラエル民族がよその男（異教の神）と浮気し続けていることを、神は責めます。ホセア書における神からイスラエル民族への呼びかけは、恋多き不倫妻の気持ちをなんとか自分へ引き戻そうと願う夫のように悲しいほど切実で、魂を込めて書いたラブレターのように情熱的な語りに満ちています（ホセア書2章4節～25節）。

神は、姦淫の罪を犯し続ける妻ゴメルをめとった預言者ホセアを見て、イスラエル民族に、彼らの犯しているあやまちに気づいてほしかったのです。神は、ホセアを通じて、真に愛するべき自分に立ち返るように、イスラエル民族に呼びかけ続けます。ですが、イスラエル民族が異教の神の偶像を崇拝し続ける姿勢は、ついに変わりませんでした。

神の警告は、特に偶像崇拝のひどい北イスラエル王国に向けられていました。「このままでは、お前たちはアッシリアに滅ぼされる」という神の警告は、その後、実現してしまうことになります。ホセアの警告もむなしく、紀元前722年、北イスラエル王国はアッシリア帝国に侵略され、ついに滅亡してしまうのでした。

たったひとりで大軍を追い返した未亡人

アッシリア帝国が南ユダ王国へ侵攻してきた頃のこと。アッシリアの王に次ぐ地位にある獰猛《どうもう》な司令官ホロフェルネス（英語名ホロファーンズ）が率いる18万2000人の大軍は、ベトリア（英語名ベスリア）という町を包囲し、その水源を奪いました（ベトリアがどのあたりにあったのかは、現在までに判明していません）。町民たちはイスラエルの神に必死で祈りますが、34日間包囲されたベトリアでは、ついに水が枯渇《こかつ》してしまいます。絶望した人々は町の長老たちと相談し、「5日以内に神が助けてくださらなければ敵に降伏しよう」と決めました（ユディト記2章1節〜7章32節）。

そんな中、町で暮らす美貌《びぼう》の未亡人ユディト（英語名ジュディス）は、町全体の方針を知ると長老たちと面会し、毅然《きぜん》として、次のように語ります。

「皆さん、全能の神を期限つきで試すとは何事ですか。同じ人間の心さえわからないわたしたちに、どうして万物の創造主の心がわかるでしょう。神は、わたしたち人間同士が行《おこな》う小さなかけひきに左右される方ではありません。この町が降伏すれば、今後、わたしたちの同胞の町が次々に屈服することにもつながります。わたしたちは、同胞のいのちも背負っているのです。だから、わたしたちは降伏するわけにはいきません。これは、神が、わたしたちに与えた試練です」

ユディトは神に祈りを捧げたあと、決意を秘めた表情で、侍女ひとりだけを連れて町を出ました。敵の前哨《ぜんしょう》部隊に発見されたユディトは、平然と、こう語ります。

「わたしはベトリアの町から来ました。あの町は滅ぼされる寸前ですので、逃げてきました。司令官様がユダ王国をこれから征服される際、わたしならご案内できます」

兵士たちはユディトの美しさに見惚れ、司令官ホロフェルネスの本陣に案内します。その移動中、ユディトの周りには兵士たちの大きな人垣ができ、彼らはくちぐちに彼女の美貌を讃えました。

ユディトと対面したホロフェルネスも、彼女に魅了され、やさしい声をかけます。

「女よ、町から逃げてきたお前は賢明であった。われらアッシリアに降伏する者を傷つけることはしない。お前の身の安全は保障する。さあ、くわしい話を聞かせてくれ」

酒宴が催された夜、ホロフェルネスはユディトを自分のものにすべく天幕の中に招き入れます。美女との酒盛りに浮かれて酒を飲みすぎたホロフェルネスが寝ている隙にユディトは彼の首を斬《き》ると、その首を隠し持ったまま何事もなかったかのように悠然と敵陣を脱出し、ベトリアへ戻りました。町民たちは、ユディトが敵の司令官の首を持ち帰ったことに驚嘆し、神に感謝を捧げます。

翌日、敵の司令官ホロフェルネスが死んだことに奮起したベトリアの人たちは、日の出とともにアッシリア軍に戦いを仕掛けます。敵襲に気づいたアッシリア軍は、ただちに司令官に伝令を出し、その時に初めて、彼らは司令官が首なし死体となっていることを知ります。司令官を喪《うしな》ったアッシリア軍は大混乱に陥り、恐怖し、逃げ出しました。

この勇敢な未亡人ユディトは英雄となり、ベトリアの町で105歳まで、しあわせに暮らしました。ユディトの死後、イスラエル民族は彼女のために7日間、喪《も》に服しました。民族の危機を救ったユディトは伝説となり永遠の生命を獲得し、多くの著名な画家たちが彼女の姿を絵画に描いています（ユディト記8章1節〜16章25節）。

結婚を禁じられた男が預言し続けた王国滅亡

たったひとりで大軍を追い返したユディトの活躍があったものの、北イスラエル王国を滅ぼして勢いに乗るアッシリア帝国の侵攻はおさまらず、ついに南ユダ王国の首都エルサレムにまで及びました。南ユダ王国の13代目となるヒゼキヤ王はアッシリアへの臣従をいったん誓って時間を稼ぎ、長期間籠城《ろうじょう》できるようにエルサレムに地下水道を完成させてから、叛乱を起こします。南ユダ王国各地の都市はアッシリアによって次々に陥落させられていましたが、首都エルサレムは敵軍を追い返します。帰国したアッシリアの王が謀反で謀殺されると、イスラエル民族は、「神が選ばれた都エルサレムは守護されている」という信仰を強めました（列王記下18章1節〜19章37節）。

その後、エルサレムは数十年にわたってアッシリアの侵攻を防ぎ続けました。アッシリアは次第に衰退しますが、南ユダ王国は北から来る新バビロニア帝国（英語名ネオ・バビロニアン・エンパイア）の軍と南から来るエジプト軍に挟撃される形となります。

南ユダ王国16代目のヨシヤ王（英語名キング・ジョサイア）の時代、「お前が母の胎内《たいない》に宿る前から、わたしはお前を選んでいた」と神が語りかけたのが、当時まだ若者であった預言者エレミヤ（英語名プロフィット・ジェレマイア）。神は、エレミヤに言います。

「わが民は、またわたしを離れ、異教の神を崇めている。それゆえに、北から災いがやって来て、ユダの町はすべて荒廃し、エルサレムは瓦礫《がれき》の山となる。そして、彼らは異国で、他国民に仕えるようになる。そのことを、お前は民に警告するのだ。彼らが行《おこな》いを正せば、わたしは今後も彼らを永遠にこの土地に住まわせる」

命じられるまま、エレミヤはエルサレムの住民に警告し続けますが、人々は、彼の話を真剣に聴こうとはしません。それどころか、「そんな不吉な預言を続けるなら殺す」と、エレミヤは脅迫される始末でした（エレミヤ書1章1節〜11章23節）。

人々がエレミヤの言葉を信じなかったのは、同じ時期に預言者だと自称する連中が何人も活動していて、「お前たちは剣を見ることはなく、飢饉に襲われることもない。わたしは、お前たちに平和を与える」という耳に心地好《よ》い神の言葉を民衆に語っていたからです。それについてエレミヤが尋ねると、神は、「わたしは、そんな者たちを遣わしてはいない。その者たちは偽《にせ》預言者だ」と答えます。しかし、民衆にとっては甘い言葉を囁いてくれる偽預言者たちのほうが好まれ、エレミヤは真《しん》の預言者でありながら迫害され続けました（エレミヤ書14章13節〜18節）。

周囲から孤立するエレミヤに、神は、「お前は妻をめとってはならない。子をつくってはならない。酒宴の家に入って、彼らと席を共にしてはいけない。この場所は滅び、わたしは、民からすべてを取り上げるからだ」と、さらに過酷なことを言います。エレミヤは、彼の預言を嫌う者たちから何度も殺されそうになり、ついには祭司に捕らえられ、ムチ打たれ、人々から嘲笑されます。精神的に追い詰められた彼は、自分がこの世に生まれたことを呪うまでになります（エレミヤ書16章1節〜9節、20章1節〜18節）。

やがて、エレミヤが預言していた通り、新バビロニア帝国のネブカドネザル2世（英語名ネブカッネザー・ザ・セカンド）の軍隊が北から攻め入ってきて、紀元前597年、エルサレムは陥落。南ユダ王国19代目のヨヤキン王（英語名キング・ジョアキン）のほかに、政府関係者、兵士たちなど1万人が捕虜として新バビロニアの首都バビロンに連行されることになりました（第1回バビロン捕囚）。

エルサレムを制圧した新バビロニア軍は、ゼデキヤ王（英語名キング・ゼデカイア）が南ユダ王国を統治することを認めます。ゼデキヤ王は数年後に叛乱を起こしますが、これも新バビロニア軍に鎮圧《ちんあつ》され、紀元前586年、南ユダ王国は滅亡。これによりイスラエル民族の王国は地上から消滅します。エルサレムの神殿と町は徹底的に破壊され、燃やされ、両目を潰されたゼデキヤ王を筆頭に、ふたたび多くの人がバビロンに連れ去られました。これが第2回バビロン捕囚となります（列王記下24章1節〜25章21節）。バビロンの地で暮らすようになったユダ王国の元住人たちは、以後、「ユダの人」を意味する「ユダヤ人（英語名ジューズ）」と呼ばれるようになります。異国人の中での生活を強いられたことで、ユダヤ人たちは彼らの宗教を堅持し正確に子孫に伝えていくために、先祖からの伝承を文書の形にまとめ始めました。そうしてできあがったのが、ユダヤ教の聖典であるヘブライ語聖書で、キリスト教においては旧約聖書と呼ばれています。

異教徒と結婚した夫婦を全員別れさせた祭司

アッシリア帝国を滅ぼした新バビロニア帝国でしたが、その後また勢力図が塗り替えられ、ペルシア帝国（英語名パースィアン・エンパイア）に滅ぼされます。ペルシア王キュロス2世（英語名サイラス・ザ・グレイト）は、紀元前538年、バビロン捕囚となっていたユダヤ人（南ユダ王国の元住人）が故郷エルサレムに戻り、新バビロニアに破壊された神殿を再建することを許します。最初に戻った約4万2000人は、かつてソロモン神殿が建っていた場所に新しい神殿の基礎が据えられた時、歓喜の涙を流したほどでした。ところが、彼らはユダヤ人だけで工事を進めようとして、協力を申し出た異国人を拒んだことで反発を買い、そうした敵対者たちの妨害工作により、工事は数年間、中断させられることになります（エズラ記1章1節～4章24節）。

その後、バビロンからの帰還者たちの中にいた預言者ハガイ（英語名プロフィット・ハガイ）や預言者ゼカリヤ（英語名プロフィット・ゼカライア）らが神の声を伝えて神殿建設を再開するよう民を励まし、工事開始から約20年後に（ソロモン神殿を小さな規模で再建した）「第二神殿」（英語名セカンド・テンプル）が、ようやく完成しました（エズラ記5章1節〜6章22節）。

さらに数十年後、バビロン捕囚の子孫で、モーセの律法にくわしい祭司エズラ（英語名エズラ・ザ・プリースト）は、ペルシア王アルタクセルクセス1世（英語名アータザークスィーズ・ザ・ファースト）に信任され、数千人のユダヤ人（男が約１５００人）を引き連れてエルサレムに戻ります。エズラは王から、エルサレムの状況調査と、イスラエルの神に貢ぎ物を捧げることを依頼されていました。もちろん、ペルシアの王からするとイスラエルの神は異教となりますが、このように、広域に勢力を伸ばす王が、ある土地の者に「お前の神様に、わたしのために祈ってくれ」ということは、考えられる話です。エズラたちユダヤ人にとって異教の王の願ってもない協力は、イスラエルの神の助けだと信じられる幸運でした（エズラ記7章1節〜28節）。

エルサレムに戻ったエズラは、バビロン捕囚から100年以上が経過するあいだに、この地に残っていたイスラエル民族の多くが異教徒と結婚していることを知り、パンも水も取らずに嘆き悲しみます。エズラはイスラエルの民を集め、異教徒と結婚した者たちは、ただちに別れるように命じます。現代の常識で考えると、エルサレムが崩壊したあとで、残っていた者たちが周辺の民族と結婚するのは当然の帰結だと思えてしまいますが、モーセの律法に忠実である祭司エズラにとって、それは決して看過《かんか》できないことだったようです。まさに神がかった気迫の祭司の言葉に民衆は従い、3か月の時間をかけて、異教徒である家族と別れたのでした（エズラ記8章31節〜10章44節）。

ペルシアからユダヤ総督（英語名ガバナー・オブ・ジュディーア）として派遣されたネヘミヤ（英語名ニーヒマイア）の作とされる聖書の「ネヘミヤ記」の中でも、祭司エズラの演説に民が感動した話が書かれていますので、エズラの言葉には、神のメッセージだと信じられるだけの説得力があったのでしょう。エズラが確立したユダヤ教の律法重視の姿勢は、以後、イエス・キリストの時代まで続くことになります。

その魅力で民族絶滅の危機を救った王妃

紀元前5世紀、ペルシア王のクセルクセス1世（英語名ザークスィーズ・ザ・グレイト）は、自分の命令に従わなかった王妃ワシュティ（英語名クイーン・バシュティ）を追放したのち、新たな王妃を探していました。その頃、エステル（英語名エスター）という名のユダヤ人の美しい娘がいて、彼女はバビロン捕囚の子孫で、従兄モルデカイ（英語名モーデカイ）の養女でもありました。エステルは両親を亡くしていたのでモルデカイに引き取られたのです。エステルは自分がユダヤ人であることを隠したまま、その美貌ゆえに新たなペルシア王妃に選ばれます（エステル記1章1節〜2章18節）。

その後、クセルクセス王の大臣として絶大な権力をふるうハマン（英語名ヘイマン）は、ユダヤ人の信仰ゆえに自分に敬意を示そうとしないモルデカイを憎悪。ハマンのモルデカイへの憎しみは、やがて、ユダヤ民族への憎しみにまで膨れ上がります。

王妃エステルがモルデカイの養女であることを知らないハマンは、大臣の地位を利用してユダヤ人全員を虐殺する計画を立てます。ハマンは王に、このように話しました。

「ユダヤ人は、どの民族とも異なる独自の律法を持ち、反抗的です。王の法律に従わぬ彼らを野放しにしておくことは、ペルシアにとって、のちの憂いになるかと存じます」

王妃エステルがユダヤ人だと知らない王にとって、それは特に関心のない話題だったので、王はハマンのユダヤ人絶滅計画を承認します（エステル記3章1節〜11節）。

今年末にユダヤ人は老若男女を問わず殺すべし、とクセルクセス王が命じた勅書《ちょくしょ》は、ペルシアに属する127州すべてに各地の言語で送られました。このままではユダヤ人が全員虐殺されてしまうので、モルデカイは王宮の中で暮らすエステルに使いを出し、彼女に助けを求めます。エステルも事の重大さを悟りましたが、王に嘆願しようにも、王からお召しがないあいだは勝手に御前に参上してはいけない決まりがありました。その決まりに逆らえば、王妃といえども死刑になるのです。「王に会うのは難しい」と返信したエステルを、モルデカイは手紙で叱責《しっせき》し、懸命に説き伏せます。

「エステルよ、ユダヤ民族が滅ぼされて自分だけが無事でいられると思ってはいけない。この時のために、われらの神は、お前を王妃にされたのではないか」

養父の言葉に納得し、腹を括《くく》ったエステルは、モルデカイに返答します。

「この地にいるユダヤ人をすべて集めて3日3晩のあいだ断食し、神に祈ってください。わたし自身も断食し、神に祈り、死を賜《たまわ》る覚悟で王のもとへ参ります」

3日目、王のもとへ参上したエステルは、王の機嫌次第では死刑になるところでしたが、神の助けにより王の機嫌が良かったので、逆に、さらなる寵愛《ちょうあい》を得ます。この場面について、「エステル記」のヘブライ語版より少しテキストの多いギリシア語版では、最初、王は無断で参上したエステルに激怒したものの、彼女が気を失って倒れてしまったので気の毒に思い、愛情を強めた、という、よりくわしい説明が記されています。

「エステルよ、お前の望みを叶《かな》えてやりたい。願いがあれば、なんでも申してみよ」

愛のあふれる声でそのようにやさしく語りかける王に、エステルは「今日は、わたくしにとって特別な日です。今宵《こよい》、わたくしが催す酒宴に、陛下とハマン様のおふたりでいらしていただきたいです」と希望し、快諾されます（エステル記3章12節〜5章8節）。

王妃エステルが王と自分のふたりだけを個人的な酒宴に（しかも2日連続で）招くという栄誉を受けたハマンは、王妃に気に入られた自分の権勢が今後さらに強まることを予感し、すっかり浮かれます。しかし同日、王宮の門ですれ違ったモルデカイが大臣である自分にあいさつしなかったのでハマンは激怒し、ユダヤ人絶滅計画とは別に、憎きモルデカイを高い柱に磔《はりつけ》にすることを王に進言することを決め、さっそく部下に命じて、その柱を用意させるのでした。

その夜、神の働きにより王は眠れなくなり、ふと思い立って、家臣に宮廷日誌を持ってこさせます。すると、かつて自分が暗殺されそうになった時、その計画を未然に察知して報告してくれたモルデカイという男の記録が出てきました。家臣によると、その功績に関して、モルデカイは、なんの褒美《ほうび》も得ていないとのことでした。ちょうどそこへ、モルデカイを磔にする計画を進言しにハマンが現れたので、王は彼に尋ねます。

「王が栄誉を与えたいと望む者に、なにを与えてやれば良いと思うか」

王はモルデカイに与える栄誉についてハマンの意見を求めたのですが、ハマンは、てっきり自分に与える褒美を王が考えてくれているのだと勘違いし、ほくそ笑みます。

「その者に王の服を与え、あたまに王冠を載せた王の馬に乗せてやると良いでしょう」

調子に乗ってそう答えたハマンに、王は、「では、ユダヤ人モルデカイを、そのように扱え」と命じたので、ハマンは絶句しますが、自分から王に提案したことなので、その通りにするしかありませんでした。ハマンにとっては屈辱的なことに、彼は、自分が磔にするつもりだった男に最高の栄誉を与えたのです（エステル記5章9節〜6章14節）。

翌日、ハマンを招いた酒宴の席で、王妃エステルは、「実は、わたしの民族を根絶やしにしようとたくらんでいる者がいます」と告げ、寝耳に水であった王は激怒します。「わたしの愛する王妃の一族に、そのような不届きなことをたくらむ者は、だれか!?」

その場にいる大臣ハマンこそがその企《くわだ》ての張本人であるとエステルが告げると、王は、さらに憤ります。そこで、風向きが変わったことを察したハマンの部下が、ハマンがモルデカイを高い柱に磔にしようとしていたことを密告したので、王は、ハマンをその柱に磔にして殺してしまいました（エステル記7章1節〜10節）。

エステルの働きによりユダヤ人は絶滅を免れたので、現在でもユダヤ人はエステルのこの功績を讃える「プリムの祭り」（英語名プァリム）を毎年催し、祝っています。

圧政に叛逆し続け独立を勝ち取った祭司の一族

紀元前4世紀にギリシア（英語名グリース）から勢力を拡大したマケドニア王国（英

語名キングダム・オブ・マセドーニャ）のアレキサンドロス大王（英語名アレグザンダー・ザ・グレイト）によってペルシア帝国も滅ぼされ、紀元前2世紀には、エルサレムはセレウコス朝《ちょう》シリア（英語名セリュースィド・エンパイア）の支配下に置かれていました。シリア王のアンティオコス4世エピファネス（英語名アンタイオカス・ザ・フォース・イピファニーズ）は、エルサレムに攻め入ってくると、神殿の祭具や装飾品をことごとく奪い去ります。アンティオコス王は、いったん引き返したものの、2年後にふたたび襲来した時には、多くのユダヤ人を殺し、エルサレムを破壊して火を放ち、その後、アンティオコス王自身の要塞をいくつもエルサレムの中に築きました。アンティオコス王は、ユダヤ人が彼らの神を信じることを禁止し、違反者は処刑します。ユダヤ人の多くが服従を強いられる中、紀元前167年、イスラエルの律法を遵守《じゅんしゅ》することにいのちを懸《か》ける覚悟をした祭司マタティア（英語名プリースト・マタスィアス）と彼の5人の息子たちは、叛乱分子を集めて決起しました（マカバイ記一1章1節～2章28節）。

祭司マタティアのもとにはイスラエルの屈強な者たちが集まり、彼らは同胞の者たちをふたたび律法に従わせ、逆らう者は殺しました。マタティアと彼の息子たちは、イスラエルの律法を重んじる者たちの希望となり、その一方、彼らの強引なやり方に従えないユダヤ人たちが、殺されることを恐れて国外逃亡する流れもありました。

紀元前166年、病床にあったマタティアは、5人の息子たちの中で特に武勇に優れた三男ユダ・マカバイ（英語名ジュダ・マカビーズ）を後継者に指名し、亡くなります。ユダ・マカバイは、イスラエルの信仰を見失った各地のユダヤ人を次々に襲撃して勝利し、信仰を維持していた者たちは、祭司マタティアが指揮していた時代以上に多くの数が彼のもとに集結しました。勢いに乗るユダ・マカバイは、シリアの大軍を少数精鋭で撃破し、その勇名を敵国にまで轟《とどろ》かせます。激怒したアンティオコス王は、「ユダ・マカバイの軍を根絶やしにせよ」と命じ、大軍を派遣しました。それに対するユダ・マカバイたちは断食して神に祈り、覚悟を決めて敵に対峙。敵は完全装備した大軍であるのに対し、ユダ・マカバイ軍は少数で装備も粗末なものでしたが、士気で勝りました。

「敵の数を恐れるな！　われらには、イスラエルの神のご加護がある！」

ユダ・マカバイがそう叫ぶと、彼の軍はシリアの大軍を圧倒し、潰走《かいそう》させます。ユダ・マカバイと彼の兄弟たちは、そのままエルサレムまで攻め上り、神殿を修復して清め、生贄と歌と音楽を祭壇に捧げました（マカバイ記一2章29節～4章61節）。このエルサレム神殿の奪回を記念するのが、現在もユダヤ教の重要な祭りである「ハヌカー」です。ハヌカーはキリスト教のクリスマスの頃にあたるため、その時期にユダヤ教徒と挨拶する際には、「ハッピー・ハヌカー」という呼びかけも、よく使われます。

エルサレム神殿を奪い返し信仰の聖地が回復したあとも、シリアや周辺勢力との激しい争いの日々が続きましたが、ユダ・マカバイのもと、ユダヤ人はエルサレムを守り抜きます。その後、ユダ・マカバイがシリアの大軍との戦闘で死亡すると、強力な指導者が消えたことで、また律法を無視するユダヤ人が増え始めます。そんな中、ユダ・マカバイの弟ヨナタン（英語名ジョナサン）が周囲の要請で指導者となります。彼が大祭司となったことでユダヤ人のあいだから反発も出ましたが、ヨナタンはシリア王国とうまくかけひきして、自分の立場を確立します（マカバイ記一5章1節～10章66節）。

のちに、ヨナタンが敵の罠にかかって謀殺《ぼうさつ》されると、マタティアの次男シモン（英語名サイモン）が跡を継ぎ、紀元前142年には、ついに、ユダヤの独立国家ハスモン朝（英語名ハズマニアン・ダイナスティ）が成立します（ハスモンは祭司マタティアの祖父の名前です）。ハスモン朝の初代統治者となったシモンは、紀元前135年に暗殺されますが、息子のヨハネ・ヒルカネス（英語名ジョン・ハーケイナス）が後継者となり、ハスモン朝は紀元前37年まで存続。そこから始まるヘロデ朝（英語名ヘロディアン・ダイナスティ）の時代に、新約聖書の物語が始まります（マカバイ記一12章39節〜16章24節）。

第5章

救世主イエスをめぐる愛憎劇

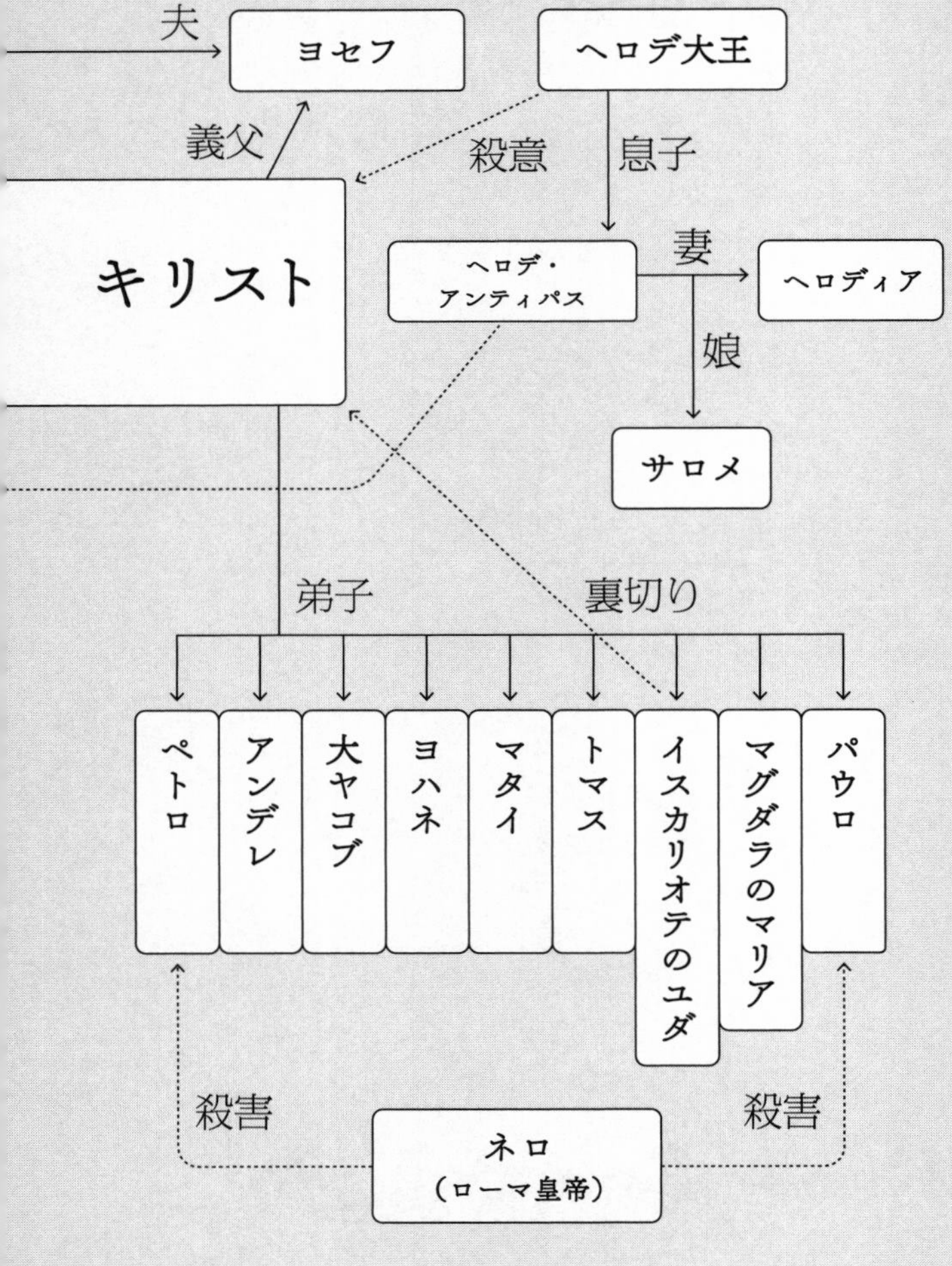

夫
ヨセフ
ヘロデ大王
義父
殺意
息子
キリスト
ヘロデ・
アンティパス
妻
ヘロディア
娘
サロメ
弟子
裏切り
ペトロ
アンデレ
大ヤコブ
ヨハネ
マタイ
トマス
イスカリオテのユダ
マグダラのマリア
パウロ
殺害
殺害
ネロ
（ローマ皇帝）

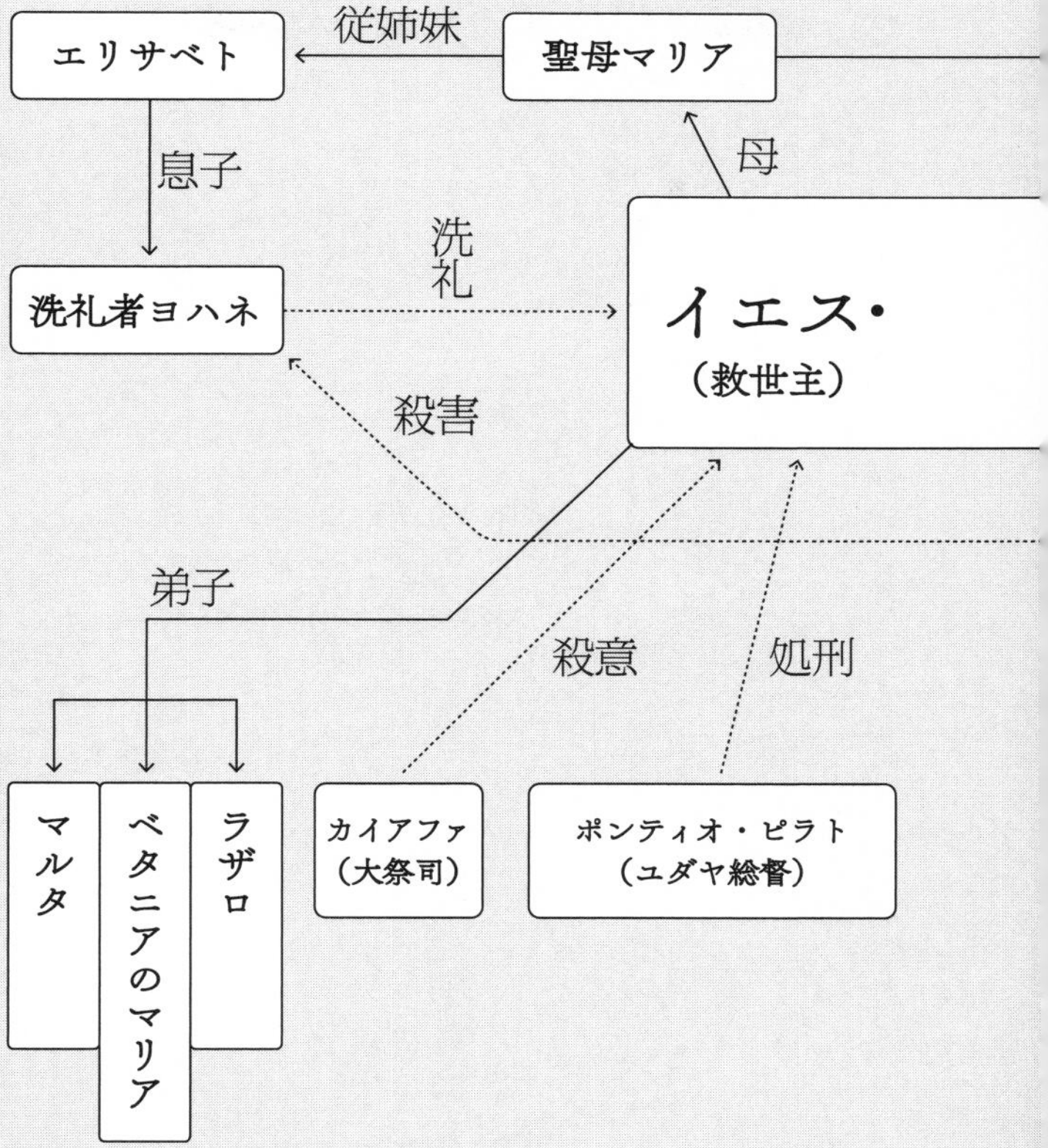

エリサベト
従姉妹
聖母マリア
母
息子
洗礼
洗礼者ヨハネ
イエス・
（救世主）
殺害
弟子
殺意
処刑
マルタ
ベタニアのマリア
ラザロ
カイアファ
（大祭司）
ポンティオ・ピラト
（ユダヤ総督）

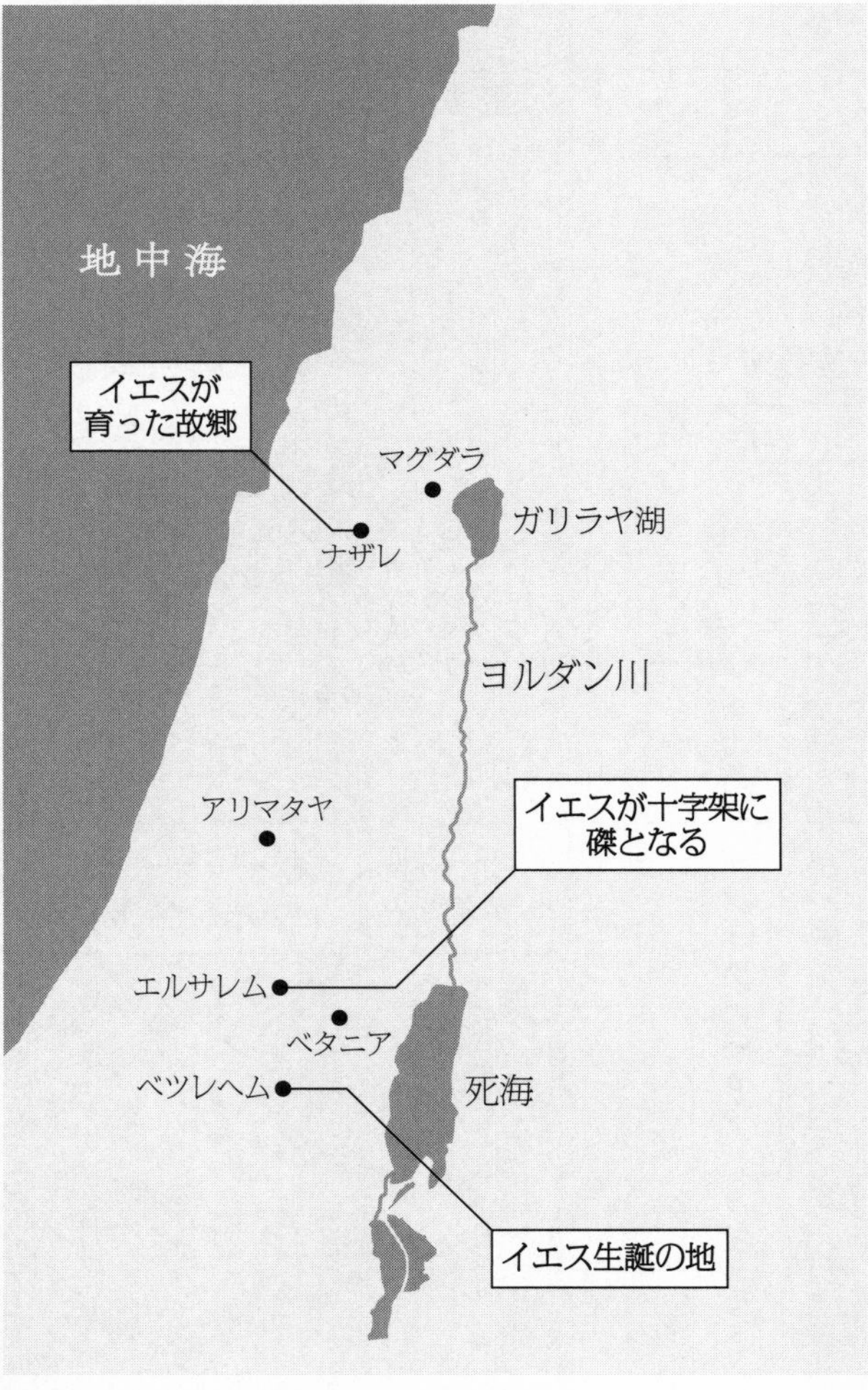
地中海
イエスが
育った故郷
マグダラ
ガリラヤ湖
ナザレ
ヨルダン川
アリマタヤ
イエスが十字架に
礫となる
エルサレム
ベタニア
ベツレヘム
死海
イエス生誕の地

救世主誕生を恐れた王による大量幼児虐殺

ローマ帝国（英語名ローマン・エンパイア）から「ユダヤの王」として認定されヘロデ朝《ちょう》を創設したヘロデ大王（英語名ヘロド・ザ・グレイト）は、バビロン捕囚から帰還したユダヤ人が再建したエルサレムの「第二神殿」を、大増築して紀元前20年に完成させました。これがイエス・キリストが活動した時代に建っていた荘厳な「ヘロデ神殿」（英語名ヘロッズ・テンプル）で、現在、ユダヤ人の聖地となっているエルサレムの「嘆きの壁」（英語名ウェスタン・ウォール）は、このヘロデ神殿の西壁の一部となります。

ヘロデ大王の時代、占星術の学者たちが王のところに来て、「ユダヤ人の王となるべくお生まれになった救世主は、どこにおられますか。わたしたちは東方でその星を見て、拝みに来たのです」と尋ねました。ヘロデ大王は苦心の末にようやく手に入れた自分の玉座を脅《おびや》かす存在である救世主を恐れ、祭司長や律法学者たちに意見を聞きます。すると、旧約聖書には、いずれ現れる救世主についての預言が300以上も記されており、誕生の地については、「救世主はベツレヘム（英語名ベスレヘム）で生まれる」と記されていることがわかりました。ヘロデ大王は占星術の学者たちに星の現れた時期を確認し、「行って、その子を見つけたら知らせてくれ。わたしも拝みに行きたい」と言って彼らを送り出します。拝みに行きたい、というのは口実で、もし救世主を見つけたら殺すつもりで、ヘロデ大王は、そのように言ったのです。

救世主や「救い主《ぬし》」と訳される原語は「油を注《そそ》がれた者」を意味するヘブライ語「メシア」（英語名メサイア）で、ギリシア語では「キリスト」（英語名クライスト）となります。イエス・キリストは「救世主であるイエス」という意味ですから、キリスト・イエスと表記されることもあります。当時、「イエス」というのは非常にありふれた名前であったため、彼が幼少期から30歳頃まで過ごした場所であるナザレ（英語名ナザラス）とセットにして、聖書の中では「ナザレのイエス」と呼ばれることもよくあります。

夜空にひときわ輝く星に導かれた学者たちは、ベツレヘムで生まれていたイエス・キリストと聖母マリア（英語名ホーリー・メリー）、マリアの夫ヨセフ（英語名ジョセフ）と対面を果たし、贈り物を渡します。その後、天使から「ヘロデ大王のところへ帰ってはいけない」とのお告げがあったので、学者たちは、別のルートから自分たちの国へ帰ることになりました。また、マリア同様に神から選ばれ救世主の父となったヨセフの夢にも天使が現れ、「ヘロデ大王が救世主を殺そうとしているので、エジプトへ逃げなさい」と告げます。幼子イエスを連れたマリアとヨセフはエジプトへ逃げ、ヘロデ大王が死ぬまで、そこにとどまりました。

一方、学者たちが帰ってこないことに激怒したヘロデ大王は、学者たちの言葉から救世主が生まれてから2年は経っていないと計算して、ベツレヘムとその周辺にいた2歳以下の男子を全員殺害してしまいます。ヘロデ大王は元々、ローマ帝国に取り入り、政敵たちを抹殺して伸し上がった人物ですので、王位についてからも常に疑心暗鬼でした。彼は自分を裏切る様子を見せた妻や息子たちを容赦なく処刑し、自分が病死する直前まで叛乱分子を排除し続けていたほどですから。そんな彼が、自分から「ユダヤの王」の座を奪うことになると聖書で預言されている救世主の存在を看過するはずはなかったのです。しかし、神に護られた救世主は、狂王の魔手を無事に逃れ、その後も健やかに成長していきます（マタイの福音書2章1節〜23節）。

洗礼者の生首を要求した魔性の踊り子

誕生前から「この子は救世主のために道を整える者となる」と天使が預言していた洗《せん》礼者《れいしゃ》ヨハネ（英語名ジョン・ザ・バプティスト）は、成長すると野蜜《のみつ》とイナゴだけを食糧に荒れ野で暮らし始め、「悔《く》い改めよ、神の国は近づいた」と民衆に呼びかけ、ヨルダン川で人々に洗礼を授けていました。「あなたは、大昔から登場が預言されている、あの救世主なのですか？　それとも、あなたは生きたまま天に上げられた預言者エリヤの再来ですか？」と尋ねる人たちに、洗礼者ヨハネは「わたしは、きたるべき方のために道を整えているだけだ。わたし自身は、やがて来られる救世主様の履物《はきもの》のひもを解く値打ちもない」と答えます。当時、主人の履物のひもを解くのは奴隷の仕事でした。洗礼者ヨハネは、自分は救世主の奴隷未満の存在だ、と謙虚に認めていました。そして、彼は人々に、「わたしは水で洗礼を授けるが、救世主様は、あなた方に聖霊（と炎）で洗礼を授けてくださる」と予告するのでした（マタイの福音書3章1節〜12節、マルコの福音書1章1節〜8節、ルカの福音書3章1節〜18節、ヨハネの福音書1章15節〜28節）。

洗礼者ヨハネの母エリサベト（英語名エリザベス）は聖母マリアの従姉妹で、彼女たちはふたりとも妊娠している時期をともに過ごしたことがあり、おなかの中にいた時から、洗礼者ヨハネは救世主イエスを知っていました（ルカの福音書1章39節〜56節）。

その約30年後、成長したイエスがヨハネの前に現れ、彼から洗礼を受けることを希望します。洗礼者ヨハネは恐縮し、逆に、自分こそあなたから洗礼を受けさせてほしいと願い出ますが、イエスが「今は、こうさせてほしい」と言うので、ヨハネは彼に洗礼を授けました（マタイの福音書3章13節〜17節、マルコの福音書1章9節〜11節、ルカの福音書3章21節〜22節、ヨハネの福音書1章29節〜34節）。

洗礼者ヨハネの弟子たちの中からイエスにつき従う者が増え、その中には、のちにイエスの12使徒に選ばれる筆頭弟子のペトロ（英語名ピーター）、アンデレ（英語名アンドリュー）、大ヤコブ（英語名ジェームズ・ザ・グレイト）、洗礼者ヨハネとは別人でのちに福音書を記すヨハネ（英語名ジョン）もいました。自分の弟子たちがイエスの弟子となることを、洗礼者ヨハネ自身は、当然のこととして受け容れていました。そんな彼のことを、イエスは弟子たちに、「女から生まれた者（つまり全人類）の中で、洗礼者ヨハネより偉大な者は、それ以前にはいなかった」と語って彼を讃えることになります。

その後、ヘロデ大王の息子でガリラヤ（英語名ギャラリー）地方の領主ヘロデ・アンティパス（英語名ヘロド・アンティパス）が兄弟の妻であったヘロディア（英語名ヘロディアス）と結婚したことを「律法違反である」と批判した洗礼者ヨハネは、投獄されます。ヘロデ王は目障《めざわ》りな洗礼者ヨハネを亡き者にしたかったのですが、民衆から絶大な人気がある彼を、なかなか殺せずにいました。

ヘロデ王の誕生日を祝う酒宴で、ヘロディアの娘サロメ（英語名サロウミー）が見事な踊りを披露します。喜んだヘロデ王は、「お前の望みのものを、なんでもやろう。たとえこの国の半分でも」と約束しました。ヘロディアの入れ知恵で、サロメは「それでは、洗礼者ヨハネの生首をください」と所望。メンツがあるので前言撤回できない王は、部下に命じて、牢にいる洗礼者ヨハネを斬首《ざんしゅ》し、その首を盆に載せて届けさせたのでした。この「美女と生首」の扇情的なモティーフは、先に紹介したユディト（１４８ページ参照）と同様に、多くの画家や作家が題材にしています（マタイの福音書14章1節〜12節、マルコの福音書6章14節〜29節、ルカの福音書9章7節〜9節）。

救世主を受け入れず殺そうとする地元民たち

30歳頃にヨハネから洗礼を受けたイエスは、荒れ野でひとり、40日40夜を過ごします。

この時、イエスは悪魔サタン（英語名サイトゥン）から3つの誘惑を受けます。

荒れ野で断食していて空腹を覚えたイエスに、まず、サタンは言いました。

「お前が神の子なら、この石をパンに変えて空腹を満たせばいい」

それに対して、イエスは、旧約聖書の言葉を引用して応えます。

「人はパンだけで生きるのではない。神の言葉によって生かされるのだ」

続いて、サタンはイエスを神殿の屋根に瞬間移動させて、こう誘惑しました。

「神の子なら、ここから飛び降りてみろ。天使たちが助けてくれるだろう」

イエスは、ふたたび旧約聖書の言葉を引用して応えます。

「あなたの神である主《しゅ》を試してはならないと、聖書には書いてある」

最後に、サタンはイエスを高い山に移動させ、この世の王国の繁栄を見せました。

「もしお前がわたしに服従するなら、この世の富のすべてを与えよう」

イエスは、まったく動じずに、こう返します。

「下がれサタン。あなたの神である主のみに仕えよと、聖書には書いてある」

これらサタンからイエスへの挑戦は、悪魔からすべての人間への挑戦の要約でもありました。つまり、サタンは物質的な誘惑に負けること、神への試み、偶像崇拝という3つの罪を、常に人間に対して求めるのです。そうしたサタンの誘惑を跳ね返したイエスは、荒れ野の修行を終え、公生涯《こうしょうがい》（イエスの3年半の宣教活動）を始めます（マタイの福音書4章1節～11節、マルコの福音書1章12節～13節、ルカの福音書4章1節～13節）。

イエスが生まれる頃、ローマ帝国の大規模な人口調査がありました。イエスの両親であるマリアとヨセフは、ナザレという小さな田舎町で暮らしていましたが、ヨセフの出身地であるベツレヘムで人口調査の登録をする必要があったため移動していたところ、ベツレヘムでイエスが生まれました。その後、イエスは公生涯に入る30歳頃までナザレで生活していたので、「ナザレのイエス」として人々に知られることになります。

弟子たちを伴ってガリラヤ地方での布教活動を始めたイエスは、奇跡で病人を癒《い》やし、人に憑《つ》いている悪霊を追い出し、旧約聖書をもとに権威のある教えを語って、たちまち人々の評判となりました。ところが、帰省したナザレでは、地元民たちが「なにが救世主だ。あいつは大工ヨセフのせがれ、イエスじゃないか」と彼を嘲《あざけ》ったばかりか、田舎町出身のイエスが何人もの弟子を引き連れた偉い先生になっていることに怒りを覚え、断崖絶壁から突き落とそうとします。「救世主は故郷では受け入れられない」と述べたイエスは、その時、思わず苦笑していたかもしれません（ルカの福音書4章16節〜30節）。

かつて自分たちが見下していた相手が、いつの間にか偉くなっていた時に、その事実を心理的に受け容れられずに相手の評判を否定し憎悪する、というケースは現代社会でも見られるケースでしょう。それにしても、ナザレの人たちが同郷のイエスを断崖絶壁から突き落とそうとしたというのは、いくらなんでも行き過ぎなので、彼らは救世主を殺すべく悪魔に操られていたのかもしれません。

故郷ナザレでイエスが受け容れられなかったのは彼が地元出身だったからですが、ほかの地方でも、イエスがナザレ出身である事実が批判されることもありました。ユダヤ教の律法学者たちは「救世主はベツレヘムで生まれる」とする旧約聖書の預言をよく知っていたので、「田舎町ナザレから、なんの良いものが出るだろう」と、イエスをバカにしていました。実は、救世主が「ナザレの人」と呼ばれることも旧約聖書では預言されているのですが、「ナザレのイエス」の生まれた場所が実はベツレヘムだと知らない律法学者たちは、イエスが救世主であるはずがないと思い込んでいたのでした。

各地で奇跡を行い続ける救世主の殺害計画

各地で宣教する中、エルサレムに近いベタニア（英語名ベサニー）という町に、イエスが特に親しくしている家族がいました。マルタ（英語名マーサ）とマリア（英語名メリー）の姉妹と、その兄弟ラザロ（英語名ラザラス）です。

イエスが彼らの家を訪問した時、忙しくもてなしの準備をするマルタは、まったく家事を手伝わずイエスの足元に座って彼の話を熱心に聴いているマリアを見て言います。

「イエス様、妹は、わたしだけ働かせています。少し手伝うように言ってください」

それに対してイエスは、次のようにマルタを諭《さと》しました。

「マルタよ、あなたは多くのことに思い悩み、心を乱している。しかし、大切なことは、ひとつだけである。マリアは、良いほうを選んだ。取り上げてはならない」

現代の常識で考えると、客人をもてなす準備に励んでいたマルタの姿勢のほうがマリアより立派だと思えますが、マリアは熱心に話を聴くという彼女なりの方法でイエスをもてなしていた、とも考えられます。マルタのように心を乱していることのほうが客人に失礼なこともあるでしょう。イエスの真意は記されていないので、さまざまな解釈が可能です（ルカの福音書10章38節〜42節）。謎めいたイエスの言葉が多く記されていることも、聖書が2000年以上も多くの人を魅了し続けている理由のひとつでしょう。

イエスが最後にベタニアを訪れた際、マリアは、自分は処刑される日が近いと預言する師が死地へ赴《おもむ》くのを悲しみながらも敬愛する気持ちから、とても高価な香油《こうゆ》をイエスに塗り、彼の足を自分の髪の毛で丁寧にぬぐったことでも知られています。イエスは、「この女がわたしにしてくれたことは、わたしの話が伝わる世界中どこでも語り継がれるだろう」と、彼女を大いに讃えました（マタイの福音書26章6節〜13節、マルコの福音書14章3節〜9節、ルカの福音書7章36節〜50節では女の名は記されていませんが、ヨハネの福音書11章2節にこの女性はベタニアのマリアであることが明記されています）。

そんなマリアとマルタの兄弟であるラザロが、ある時、重い病気になり、姉妹はイエスに助けを求めて使いを出しました。しかし、イエスは離れた場所にいたので、ベタニアに到着した時には、既にラザロは亡くなっていて、4日が経っていました。

「イエス様、あなたがここにいてくだされば、ラザロは死ななかったでしょう」

涙を目に浮かべて悲しい顔をするマルタとマリアに、イエスは応えます。

「わたしは復活であり、いのちである。わたしを信じる者は、死んでも生きる。生きている時にわたしを信じる者は、決して死ぬことはない」

マルタとマリアの姉妹に案内されてイエスはラザロの墓となっている洞窟を訪れると、その入口を塞いでいる巨岩をどけるように、近くにいた人たちに指示しました。

「イエス様、もう4日も経っています。中は、ひどい臭いのはずです」

怯えるように言う姉マルタに、イエスは力強い言葉を返します。

「マルタよ、もし信じるなら、神の栄光が見られると言ったはずだ。父なる神よ、いつもわたしの願いを聞き入れてくださることに感謝します。あなたがわたしを遣わされたことを人々に信じさせるために、わたしは、あなたにお願いいたします」

巨岩がどけられた墓の中へ、イエスは「ラザロよ、出てきなさい！」と叫びます。

すると、全身を亜麻布《あまぬの》に包まれた埋葬時の姿のままのラザロが、ゆっくりと歩きながら出てきたので、見物していた群衆は驚愕と畏敬《いけい》の念に打たれ、どよめきが生じます。この事件は多くの人が目撃していたため、救世主としてのイエスの名が、さらに広まることになりました。イエスは、それ以前にも亡くなった者を生き返らせたことがあったのですが、ラザロの復活は、目撃者の多さと、中心都市エルサレムに近い場所でのできごとであったため、大事件として、人々のあいだに急速に広がったのです。

話を耳にしたユダヤ教の祭司長たちは「あの男を野放しにしては、皆が奴を救世主だと信じるようになる。そうなれば、ローマから軍隊が来て、われわれも神殿も滅ぼされてしまうだろう。われわれが滅びないためには、あの男を殺すしかない」と、イエス殺害計画を、具体的に進めることを決意するのでした（ヨハネの福音書11章1節～53節）。

敵の渦中《かちゅう》でさらに彼らを挑発する救世主

マタイ（英語名マシュー）、マルコ（英語名マーク）、ルカ（英語名ルーク）、ヨハネ（英語名ジョン）という4人が記した4つの福音書が伝えているイエスの公生涯は、30歳頃に宣教活動を始めてから十字架に磔《はりつけ》にされるまでの約3年半です。かつてイスラエル民族がエジプトを脱出した時のことを記念する「過ぎ越しの祭り」の時に、ユダヤ人は毎年、神殿のあるエルサレムを巡礼する習慣があり、イエスと弟子たちも例外ではありませんでした。エルサレムに行くと彼を憎悪する祭司長や律法学者たちに殺されると知りながら、イエスは公生涯最後の年も、やはり、祭りの時期にエルサレムに入ります。

エルサレムに入ったイエスは、神殿の境内《けいだい》で生贄の動物の売買や両替で儲《もう》けていた者たちの屋台を蹴散らし、「あなたたちは、父への祈りの家を強盗の巣にしてしまった」と人々を叱りつけながら、そこで商売していた者たちをムチで追い払います。商売をしていた者たちは当然のごとく猛反発し、乱暴な行為をしたイエスを問いただします。

「ここまでのことをするからには、あなたは、どんなしるしを見せてくれるんだ?」

しるし——というのは、イエスが救世主である証《あか》しです。イエスは答えました。

「この神殿を壊してみよ。3日で建て直してみせよう」

人々は驚いて絶句し、呆れるのを通り越し、肩をすくめて失笑します。

「建てるのに46年かかったこの神殿を、あんたは3日で建て直すというのか?」

イエスの言った「神殿」とは彼自身の肉体のことでしたが、その時は弟子たちも意味がわかりませんでした。弟子たちが師の言葉の真意を悟ったのは、イエス復活後です。

神の権威を確かに感じさせる言葉を放つイエスを見て、人々は「彼こそ大昔から預言されている救世主に違いない！　ついに現れたのだ！」と、熱狂的に彼を支持しますが、それ以前からイエスを殺そうとしていた祭司長たちや律法学者は、イエスへの殺意を決定的に強めることになります（マタイの福音書21章12節〜17節、マルコの福音書11章15節〜19節、ルカの福音書19章45節〜48節、ヨハネの福音書2章13節〜25節）。

最後の晩餐《ばんさん》と弟子全員が裏切る預言

最後の晩餐——と言えば、レオナルド・ダ・ヴィンチら巨匠たちの絵画でも有名です。イエスと12使徒は多くの絵画で椅子に座って食卓を囲んでいますが、当時のユダヤ教の風習としては、実際には全員が床に寝そべって食べていたようで、そのように忠実に描いている絵画や像もあります。

エルサレムのとある家（一説によれば福音記者マルコの家）の2階で、イエスは12使徒と食事をしました。イエスにとっては、それが使徒たちとの「最後の晩餐」になることがわかっていたので、皆で分けるためにパンを裂きながら、彼らに命じました。

「これは、あなたがたのために与えられる、わたしの体である。わたしの記念として、これからも、このように行《おこな》いなさい」

また、食事を終えると、イエスは、ぶどう酒の杯《さかずき》を取り、こう告げます。

「この杯は、あなたがたのために流される、わたしの血による新しい契約である」

この時にイエスが制定した記念の儀式が、現在まで2000年間、全世界のキリスト教で連綿と受け継がれている、ミサ（聖餐式）のルーツとなります（マタイの福音書26章26節〜28節、マルコの福音書14章22節〜24節、ルカの福音書22章14節〜20節）。

そして、イエスが最後の晩餐の席上で「この中のひとりが、わたしを裏切ろうとしている」と初めて明かした時には、弟子たちのあいだに動揺と疑心暗鬼が広がりました。

そんな中、イエスは弟子のひとりであるイスカリオテのユダ（英語名ジュダス・イスカリオット）に「あなたがしようとしていることを行いなさい」と語りかけます。祭司長たちに銀貨30枚（奴隷ひとりの値段）でイエスを売り渡す約束をしていたユダは、その場を去りますが、彼は会計係をしていたので、ほかの弟子たちはユダが買い物に行ったのかと思い、特に不思議には思いませんでした。まさかイエスが裏切り者をそのまま行かせるとは、だれも思わなかったのです（マタイの福音書26章21節～25節、マルコの福音書14章18節～21節、ルカの福音書22章21節～23節、ヨハネの福音書13章21節～30節）。

夜が更《ふ》けゆく中、イエスと立ち去ったユダを除く11使徒は、オリーブ山のほうへ移動しました。その最中、歩きながらイエスが「今夜、あなたたち全員が、わたしを裏切ることになる」と言ったので、弟子たちの困惑と混乱は、さらに激しくなります。弟子たちのリーダー的存在であったペトロが前に出て、彼の師に誓いました。

「イエス様、たとえほかの者がつまずいても、わたしだけは絶対につまずきません」

そんな彼を冷静に見つめながら、イエスは、すべてを見通す口調で告げます。

「今夜、鶏《にわとり》が鳴く前に、あなたは3度、わたしを知らないと言うことになる」

師の寂しい言葉を聞いて、ペトロは、なおも食い下がります。

「たとえご一緒に死ぬことになったとしても、あなたを知らないとは申しません！」

ほかの弟子たちも、「そうだ、ペトロの言う通りだ」と、同調するのでした。

そんな弟子たちを見返すイエスの表情は、未来を知ればこそ、寂しげであったに違いありません（マタイの福音書26章30節〜35節、マルコの福音書14章26節〜31節、ルカの福音書22章31節〜34節、ヨハネの福音書13章36節〜38節）。

眠りこける弟子たちと救世主の逮捕

ぶどうを圧搾《あっさく》するゲッセマネ（英語名ゲッセマニー）の園《その》まで来ると、イスカリオテのユダを除く11使徒の中でも特に重要な役割を担《にな》っていたペトロ、大ヤコブ、ヨハネの3人だけを伴い、イエスは中へ入ります。この先に待ち受ける受難を知るイエスは、「わたしは今にも死にそうなほど悲しい。ここを離れず、目をさましていなさい」と、3人の弟子に命じました。しかし、イエスが少し離れた場所で間もなく彼を襲う受難への葛藤《かっとう》について「父なる神」に熱心に祈っているあいだに、3人の弟子は眠りこけてしまいます。いくら夜中とはいえ、敬愛する師がすぐ近くで懸命に祈っているというのに、弟子の代表格である3人とも眠ってしまうというのは信じられない話です。悪魔の妨害が働いていたのかもしれません。イエスは戻ってきて、「起きなさい。少しのあいだも起きていられないのか」と彼らを叱りますが、イエスが離れると、弟子たちはまた眠り、それを3度くり返したところで、多くの兵士たちを従えたイスカリオテのユダがやって来ました（マタイの福音書26章36節〜46節、マルコの福音書14章32節〜42節、ルカの福音書22章39節〜46節、ヨハネの福音書18章1節〜3節）。

ユダがイエスに接吻《せっぷん》するのが合図となり、兵士たちはイエスを捕らえようとします。それを阻止《そし》しようとペトロは剣を取り、敵のひとりの耳を切り落としますが、イエスにいさめられ引き下がります。

「わたしが父にお願いすれば、逃げ出すことは、たやすい。だが、それでは聖書の言葉が実現しない。わたしが捕まるのは、預言者たちの言葉が実現するためである」

イエスはそう語ると抵抗せず逮捕され、自分たちも捕まりそうになった弟子たちは、イエスが予告していた通り、全員が一目散に逃げ出しました。中には兵士に掴まれた服を脱ぎ捨て、全裸で逃げた者までいたようで、それは福音記者マルコ自身ではないかとする説もあります（マタイの福音書26章47節〜56節、マルコの福音書14章43節〜52節、ルカの福音書22章47節〜53節、ヨハネの福音書18章2節〜12節）。

その後、ペトロは、大祭司カイアファ（英語名ハイ・プリースト・カイアファス）の邸宅にイエスを連行する一群を追いかけ、様子を探るために邸内の中庭にまで侵入します。その途中でペトロは、使用人の女から「この男はナザレのイエスと一緒にいた奴よ！」と見咎《みとが》められますが、ペトロは「なんのことだ？　さっぱりわからん」と、ごまかして切り抜けます。その直後、別の者から「イエスの仲間の男だ！」と指摘された時にも、ペトロは「イエスという男など知らん」と言い張ります。ですが、集まってきた人々から「こいつの言葉には、ガリラヤ地方のなまりがある。こいつはイエスの弟子だ！」と言われるに及んで、ペトロは身の危険を感じ、ついに、「もしイエスとやらを知っていたら呪われても良いが、知らないものは知らんのだ」とまで言い放ち、そこで鶏が鳴いてイエスの預言が成就《じょうじゅ》します。イエスが予告していた通りに、敬愛する師を3度も否定してしまったと気づいたペトロは、人けのない離れた場所まで移動してから、泣き崩れるのでした（マタイの福音書26章57節～75節、マルコの福音書14章53節～72節、ルカの福音書22章54節～62節、ヨハネの福音書18章15節～27節）。

一方、イスカリオテのユダは、イエスが逮捕されたあともまったく抵抗する様子を見せず、そのまま死刑になりそうなことを知ると絶望します。彼は、イエスを売り渡した代金である銀貨30枚を祭司長や長老たちに返そうとしますが、受け取られなかったので神殿に投げ込み、イエスが磔になるより前に、首を吊って死んでしまいました（マタイの福音書27章3節〜10節）。

イスカリオテのユダは、イエスが逮捕されたあとに奇跡の力で逃げ出し、そのまま革命を起こして人々の救世主となってくれると期待していたので、そうならなくて絶望した、という説もあります。やがて救世主がつくると聖書に記されている「新しい王国」は、当然、武力による建国であろうと、ユダに限らず当時のユダヤ人は信じていました。イエスが暴力とは正反対の、それよりも強い「愛」の力で揺るぎない王国を築くことになると弟子たちが気づき始めるのは、イエスが磔になったあとのことになります。

てのひらを返して救世主を憎悪する民衆

イエスが捕まったのは深夜でしたが、連行されたユダヤ教の大祭司カイアファの邸宅でそのまま裁判を受けました。夜が明けると、イエスは、ローマ帝国から任命されているユダヤ総督《そうとく》のポンティオ・ピラト（英語名ポンシャス・パイラト）の邸宅へ連行されます。大祭司たちはイエスを死刑にするつもりでしたが、彼らには死刑を決める権限がなかったので、その許可を得るために、ユダヤ総督であるピラトを訪れたのです。

その頃のエルサレムでは、過ぎ越しの祭りの時に囚人をひとり解放することになっていました。イエスが逮捕されたことを知って集まってきた民衆に、ピラトは「お前たちが解放してほしいのは、ナザレのイエスか？　それとも、バラバ（英語名バラバス）か？」と、問いかけます。バラバというのは、強盗殺人の罪で捕まっていた悪人で、彼の本名も実はイエスで、バラバは「父の子」という意味のヘブライ語（バル・アバ）に由来するアダ名でした。イエスも「父（なる神）の子」であることを表明していたので、民衆は、ふたりの「父の子イエス」のどちらを選んで自由にするかという選択を、ピラトから迫られたのです。

逮捕5日前の日曜日にイエスがエルサレムに入城した際、それ以前から彼の起こした奇跡と評判を伝え聞いていた民衆は「救世主よ、ホザンナ（ホサナ＝救い給え）！」と歓喜の声を上げて出迎えました。それは、イエスが救世主として革命を起こし、「新しい王国」をつくってくれることをユダヤ人が期待し、そうなることを熱望していたからです。ところが、さまざまな奇跡を起こして「神の子」だと信じられてきたイエスが、革命を起こすどころかあっさり逮捕されてしまったことに、民衆は「イエスは、特別な能力など持たない、ただの人であったのか……」と失望し、ピラトに向かって「ナザレのイエスを十字架につけろ！」と叫ぶのでした。

　イスカリオテのユダの場合は単独行動だったので、イエスへの失望は内向きの負の感情に変化し、絶望した彼個人の自殺という結果になりましたが、イエスに失望したユダヤ人たちの群集心理は、救世主だと信じられていた人物への怒りとして沸《わ》き起こったのです。ふつうに考えるなら、どう考えても強盗殺人を犯したバラバのほうが悪人であるはずなのですが、それよりもイエスを「十字架につけろ！」と叫び続けた群衆の心理には、恐ろしいものがあります。愛憎は表裏一体ですので、かつての愛が巨《おお》きければ巨きいほど、裏切られた憎悪も同じだけ巨きな感情となることは現代でも珍しくありません。ユダヤ人の民衆が逮捕されたイエスを憎悪したのは、それだけ彼らが逮捕前のイエスを愛していたから、という面はあるでしょう。

ピラトは、集まった民衆が見上げるバルコニーのような場所で手を水で洗いました。当時、手を水で洗うことは潔白の証しとされていました。ピラトは、ユダヤ人の圧力に負けましたが、イエスを処罰することは自分の本意ではないことを、ささやかな抵抗として示したのです。手を洗い終えたピラトは、「この男の流す血の責任は、わたしには、いっさいない」と言葉でも弁解してから、イエスをムチ打ちの刑に、それから十字架に磔にするように命じたのでした（マタイの福音書27章11節〜26節、マルコの福音書15章1節〜15節、ルカの福音書23章1節〜25節、ヨハネの福音書18章28節〜40節）。

十字架上で天国と地獄に分かれた愛憎劇

ユダヤ教の律法通り39回ムチ打ちされたあと、イエスは兵士たちから殴られ、「今、だれが殴ったか当ててみろ」と笑われ、ツバを吐きかけられ、いばらの冠と紫の衣を着せられて、「ユダヤの王、万歳！」と、嘲笑《ちょうしょう》されます。そして、イエスは十字架を背負わされると、のちにラテン語で「苦難の道」を意味するヴィア・ドロローサの名で呼ばれることになる道を、現在は聖墳墓《せいふんぼ》教会（英語名チャーチ・オブ・ザ・ホーリー・セパゥカー）が建てられている「髑髏《どくろ》の場所」を意味する「ゴルゴタ」（英語名キャルヴァリー）と呼ばれる丘まで歩かされました。

この十字架の道行《みちゆ》きにおいて、イエスは3度倒れます。前夜の「最後の晩餐」から飲まず食わずのまま裁判にかけられ、暴力をふるわれ、ムチで打たれて憔悴《しょうすい》した体で十字架を運ぶのは、並大抵のことではなかったはずです。そもそも大人を磔にするための十字架本体は重過ぎて、ひとりの人間が運ぶのは困難であるため、イエスが担いだのは十字架の横木部分のみで、当時は横木部分を十字架にはめ込むようになっていた、とも言われます。そのため、イエスの十字架の道行きの場面を描いた映画の中にも、忠実に時代考証し、イエスが十字架全体ではなく横木のみを担《かつ》いでいるものがあります。

最初に倒れた時、イエスは群衆の中を移動して息子に寄り添っていた聖母マリアと会話を交わします。そこに居合わせたキレネ人シモン（英語名サイモン・オブ・サイリーン）が代わりに十字架を担ぎ、ヴェロニカという少女がイエスの顔を拭《ぬぐ》い、イエスは、ふたたび倒れます。つき従うエルサレムの婦人たちと言葉を交わしたのち、イエスは、みたび倒れました。その後、刑場に着くと衣服を剝《は》ぎ取られ、イエスは、ついに十字架上に両手足を釘で打ちつけられ、磔にされます。イエスが磔になったのは、西暦30年4月7日金曜日、午前9時でした（マタイの福音書27章27節〜36節、マルコの福音書15章16節〜24節、ルカの福音書23章26節〜33節、ヨハネの福音書19章17節）。

この日、ゴルゴタの丘には3つの十字架が立てられ、中央の十字架に磔にされたイエスの頭上には「ユダヤ人の王、ナザレのイエス」という罪標《ざいひょう》がラテン語、ヘブライ語、ギリシア語で書かれていました。のちにイエスの磔刑《たっけい》を描いた絵画や彫像などで頭上に「INRI」と書かれた板があるのは、「ナザレのイエス、ユダヤ人の王」という罪標のラテン語（Iesus Nazarenus Rex Iudaeorum）の頭文字を表しているものです。

磔の刑は民衆への見せしめという意味があったので、多くの人が見守っていました。そして、イエスの言葉を憶《おぼ》えていた者は、彼を挑発するように言いました。

「神殿を壊し、3日で建てる男よ。お前が神の子なら、十字架から降りて見せろ！」

ユダヤ教の祭司長や律法学者たちも、ここぞとばかりに悪口雑言《あっこうぞうごん》を浴びせます。

「多くの他人を救ったお前が、たったひとりの自分を救えないのか？　お前がユダヤの王となるべき救世主なら、今すぐ十字架を降りろ！　そうすれば、お前を信じてやる」

それは、イエスが荒れ野で修行した時、「お前が神の子なら、奇跡を起こして見せろ」と呼びかけた悪魔の誘惑の再現でした。イエスが数々の奇跡を起こしてきたことを知る民衆は、不思議だったでしょう。イエスは、どうして奇跡で脱出しないのか、と。

見物人たちより、そう切実に思っていたのは、いっしょに磔にされた罪びとのひとりでした。イエスが磔にされたのは、その日に3本立てられた十字架の中央で、両どなりの十字架には、ふたりの強盗が磔にされていました。正面から向かって左側の十字架上の強盗は、間もなく自分が死ぬという局面なのに、イエスをくち汚くののしります。

「なにが救世主だ！　お前が本当に救世主なら、自分と俺たちを救ってみせろ！」

それに対し、向かって右側の強盗は、彼をいさめます。

「おい、お前、バカなことを言うな！　俺たちは罪を犯したから、こうして十字架につけられても当然だ。だが、この方を見ろ！　この方は、なにひとつ悪いことをしていない。それどころか、常に民衆のために活動されてきた方だ。俺たちとは違う！」

魂の叫びを吐いた右側の強盗に、イエスは十字架上で、やさしく微笑みます。

「まことに、あなたに言います。あなたは今日、わたしと一緒に天国に入ります」

イエスのこの言葉は、人類の歴史において極めて重要です。たとえ死の直前まで罪を背負った人でも、心の底から悔い改めれば天国に救済されると、イエスが認めた記録だからです。たとえどれほど重大な悪事に手を染めた罪びとでも、その場しのぎの演技でなく心の底から改悛《かいしゅん》した者は、何度でもゆるして必ず救済するのがキリスト教の神髄《しんずい》です。3本の十字架上でイエスを挟んで強盗の明暗が見事に分かれたこの愛憎劇は、われわれに、あまりにも多くの示唆《しさ》を与えてくれます。

その時、十字架のすぐ近くには聖母マリアとイエスの女弟子たちがいて、既に自殺したイスカリオテのユダを除く11使徒の中では、ただひとり、ヨハネだけが戻ってきていました。イエスは十字架上から、もっとも愛した弟子ヨハネに呼びかけます。

「ヨハネよ、見なさい。そこに、あなたの母がいます」

以後、聖母マリアは福音記者使徒ヨハネに引き取られることになります。

その日の正午、太陽が消え、世界は真昼でありながら暗闇に包まれました。

そして、午後3時、イエスが息絶えると、神殿の巨大な垂れ幕がまっぷたつに裂け、大地を地震が揺さぶり、人々は「本当に、この人は神の子だった」と恐れ、逃げ惑いました（マタイの福音書27章37節～56節、マルコの福音書15章25節～41節、ルカの福音書23章33節～49節、ヨハネの福音書19章18節～30節）。

すべての愛憎劇を超えて広がる救世主の伝説

イエスが十字架に磔にされた翌日はユダヤ教徒が週に1度、いかなる労働も禁じられている安息日（英語名サバス）でした。ユダヤ教では日没から次の日が始まると考えるので、兵士たちは、イエスの両どなりの十字架に磔になっている強盗ふたりが早く息絶えるように、彼らの脚を折りました。十字架刑は両手が徐々に全身を支えられなくなり気道が詰まって苦しみながらじわじわと窒息《ちっそく》する刑罰ですが、脚を折ることで、さらに体重が首にかかり窒息死が早まったのです。兵士たちはイエスの脚も折るつもりでしたが、イエスが既に死んでいるように見えたので、ロンギヌス（英語名ロンジャイナス）という名の兵士がイエスの脇腹を刺して死を確認しました。

その後、地元の有力者でイエスの弟子でもあったアリマタヤのヨセフ（英語名ジョセフ・オブ・アリマスィア）が、イエスの遺体を引き取ることをユダヤ総督ポンティオ・

ピラトに申し出て、了承されます。ヨセフは、イエスの遺体を亜麻布に包んで、近くにあった岩を掘った墓所に埋葬し、巨大な岩で入口を塞ぎます。イエスが生前、「死後3日目に復活する」と予告していたので、弟子たちが遺体を盗まないように、ピラトは墓を兵士たちに警護させました（マタイの福音書27章57節～66節、マルコの福音書15章42節～47節、ルカの福音書23章50節～56節、ヨハネの福音書19章31節～42節）。

イエスの死から3日目となる日曜日、磔刑にも立ち会ったイエスの弟子のひとり、マグダラのマリア（英語名メリー・マグダレン）が師の墓を訪れると、警護する兵士たちは眠っていて、入口の巨大な岩がどけられていました。墓の中には亜麻布だけが残されていて、イエスの遺体は、ありませんでした。マリアが使徒たちに知らせに行くと、すぐさまペトロとヨハネが駆けつけ、彼らもイエスの遺体の消失を確認します。

その後、復活したイエスは、まずマグダラのマリアの前に現れ、「ガリラヤに来なさい」と使徒たちに伝えるよう命じます。ですが、使徒たちは今後どうするべきかの判断がつきかねて、まだエルサレムにいました。自殺したイスカリオテのユダと所用で留守にしていたトマス（英語名トーマス）を除く10人の使徒が鍵をかけた家の中で集まっていたところに、イエスが突然、虚空《こくう》から出現します。このエピソードは極めて重要で、イエスの復活が単なる「死者の蘇生」ではなく、生前のイエスが語っていた通り、復活後のイエスが人間とは似て非なる天使のような存在に変貌したことを意味しました。キリスト教において、神のイメージはしばしば光とセットで語られ、また、神を信じる者たちは死後に「永遠の生命」の栄光に浴するとの信仰により、復活後の肉体は「栄光の体」と呼ばれます。キリスト教が信じる「死後の復活」は、死者の蘇生とはまったく別次元の、イエスがみずから弟子たちに目撃させた「栄光の体としての新生」を意味するのです。時間と空間を自由に飛び越えられる点では幽霊のような霊体のようにも思えますが、復活したイエス自身が「わたしは幽霊ではなく、生身の肉体がある」と言っているので、3次元に囚われない肉体であると思われます。

　留守にしていたため自分だけ復活後のイエスに再会できなかったトマスは、自分を除く10使徒の目撃談への不信感をあらわにし、「わが目で見るまでは信じない」と言い張り、そのため「疑惑のトマス」という異名まで生まれます。後日、今度はトマスも含めた11使徒が全員そろっている時にイエスがまた鍵のかかった家の中に出現するとトマスは驚き、感激してすべてを悟り、「わたしの主《しゅ》、わたしの神よ」と、涙を流してイエスにすがりつきます。そんなトマスに、イエスは、こう言葉をかけました。

「トマスよ、あなたは見たから信じたのか？　見ずに信じる者は幸《さいわ》いである」

その後、命じられた通りガリラヤ地方に戻ったペトロやヨハネら7人を、イエスが出迎えます。イエスはペトロに「あなたは、わたしを愛するか？」と、3回尋ねます。それは、ペトロがイエスのことを「知らない」と3回言ったことの埋め合わせでした。

「イエス様、わたしがあなたを愛していることは、あなたがご存じです」

そう誓うペトロの言葉に、イエスは満足したように、うなずきました。たとえほかの者が裏切っても自分だけは死んでも裏切りません、と宣言しながら、舌の根も乾かぬうちに師イエスのことを3度も「知らない」と言い放ったペトロでしたが、彼の心からの悔い改めをイエスは理解し、ゆるしたのです。

後日、イエスは使徒たちとエルサレムで再会すると、彼らを伴ってオリーブ山に登り、師との今生《こんじょう》での別れを悲しむ弟子たちを見回して、彼らに告げました。

「父と子と聖霊の御名《みな》によって、この教えを地上のすべての人に伝えなさい」

イエスは昇天して弟子たちの前から姿を消し、4つの福音書の記録も、そこで終わっています（マタイの福音書28章1節～20節、マルコの福音書16章1節～19節、ルカの福音書24章1節～53節、ヨハネの福音書20章1節～21章25節）。

イエス昇天後のキリスト教会の誕生とその後の発展は、福音記者ルカによる「使徒言行録《しとげんこうろく》」と教会の「聖伝」が伝えています。イエスの昇天の50日後、「聖霊降臨《せいれいこうりん》」（英語名ペンテコステ）と呼ばれる日に使徒たちに聖霊が降り注ぐと、それまで情けなかった彼らは変貌しました。師イエスが逮捕された時には全員が逃げ出した彼らが、以後は死を恐れずにイエスの教えを布教し始め、イスカリオテのユダの空席を補充したマティア（英語名マスィアス）を含めた12使徒は、ヨハネを除く全員が殉教《じゅんきょう》することになります。

厳格な保守派のユダヤ教徒として最初はイエスの教えを弾圧していたパウロ（英語名ポール）は、ダマスコ（現在のダマスカス）に向かう途上で太陽よりまぶしい神の光に打たれて盲目となり、その後、イエスの天からの呼びかけによって目からウロコのようなものが落ちて真理を悟り（「目からウロコ」の語源）、以後、キリスト教最大の伝道者となります。最初は「ユダヤ教の一教派」として発展し始めたキリスト教は、使徒パウロの異邦人への布教により、世界宗教へ成長し始めました。

使徒ペトロと使徒パウロのふたりは、ローマ帝国の暴君ネロ（英語名ニーロウ）によって西暦66年頃に処刑されました。西暦70年にはローマ帝国によってエルサレム神殿が壊滅しますが、キリスト教は4世紀にローマ帝国の国教となり、以後は世界最大の宗教としての地位を確立します。現在、全世界に25億人以上いるクリスチャンのうち、13億人以上がカトリック信徒で、その最高指導者であるローマ教皇は、「使徒聖ペトロの後継者」としての立場と責任を、こんにちまで２０００年にわたり護り続けています。

巻末付録　聖書を読みたくなった方のための読書ガイド

本書に登場する愛憎劇は、エピソードの主要部分のみ抽出したダイジェスト版ですので、聖書の中では、よりくわしく描かれています。「聖書を実際に読んでみたい」と思われた方のご参考に、巻末付録として、聖書の主要な翻訳バージョンをご紹介します。

聖書には、さまざまな翻訳バージョンや、大型本と携帯版のような違いもありますが、筆者が何年も前から毎日愛用し続けているのは、スマートフォンやタブレットで使用できるYouVersionという無料アプリです。世界で約5億人が使用しているこのアプリは、聖書を日本語も含めて世界中の言語で、しかも、さまざまなバージョンで読むことができます。また、翻訳のバージョンによっては音声も無料でついており、ボタンをタップすると朗読してくれるので、気楽に聴き流すこともできます。

筆者が最初、なかなかうまく聖書を読みこなせなかったことを本書のまえがきで書きましたが、実は、本格的に読み始めるのとほぼ同時にたまたまYouVersionアプリに出会えたおかげで、散歩中に聴き流しているうちに内容になじんできた、という面もあります。筆者個人的にはYouVersionがダントツでオススメですが、ほかにも聖書の無料アプリは、いろいろあります。スマートフォンやタブレットのアプリに抵抗がない方は、ストアで「聖書」を検索してみてください。

無料でなくて良いから、聖書に限らず本はやっぱり紙で読みたい、という方も多いのではないでしょうか。筆者も、YouVersionだけでなく、紙の聖書も複数バージョンを常に併用していますし、それらの重厚なたたずまいも好きです。紙に印刷されたほうが重みがあって良い、というお気持ちは、とてもよく理解できます。

聖書の翻訳のバージョンの違いをご説明する上で、まずは、キリスト教のカトリックとプロテスタントの違いについて、簡単に触れさせてください。

本書終盤にも登場するイエスの弟子の筆頭格であるペトロを「初代教皇」として、現在までローマ教皇をトップとする一枚岩の組織であり続けてきたのが、カトリックと略されるローマ・カトリック教会（英語名ローマン・キャソリック・チャーチ）です。教義を巡って1054年に東方正教会（英語名イースタン・オーソドックス・チャーチ）と東西に分裂しましたが、両者には共通点も多くあります。なお、英語名に含まれるキャソリックは「普遍《ふへん》」を、オーソドックスは「正統」を、それぞれ意味する言葉です。

カトリック教会は長い歴史の中で何度か体制が腐敗し、ドイツのカトリック司祭マルティン・ルター（英語名マーティン・ルーサー）が1517年に教会への疑問を突きつけたことがきっかけで誕生したのが、「抗議する者」を意味するプロテスタントです。

カトリックは「聖書と聖伝（教会の伝承）」の両方を大切にしていますが、教会への批判から生まれたプロテスタントは「聖書のみ」を基本姿勢とします。カトリックはローマ教皇と司教たちの教導権のもとに全世界がひとつの組織として統合されている一方、プロテスタントは聖書の解釈を巡って、たくさんの教派に分かれています（カトリックは全世界に約13億人いる信徒が全員ひとつの共同体に属していますが、『ワールド・クリスチャン・エンサイクロペディア』によれば、約12億人いるプロテスタントの教派は、現在確認されているだけでも3万3000以上もあります）。また、カトリックや東方正教会では聖伝に基づいて聖母マリアや聖人たちを崇敬するのに対し、プロテスタントでは原則として聖人崇敬は行いません。ただし、カトリックとプロテスタントの要素をあわせ持つ聖公会（英語名アングリカン・チャーチ）など、教派による違いや例外もあります。カトリックでは教会内にイエス・キリストの磔刑像があり、プロテスタントの教会では十字架だけが掲げられているのが一般的です。カトリックの神父は生涯独身が条件であるものの、プロテスタントの牧師は妻帯できる、などの違いもありますが、細かい部分は教派ごとに異なります（そうした違いがあるからこそ、別の教派に分裂し続けているわけです）。

聖書については、新約聖書が27の書物から成ることは共通していますが、プロテスタントが旧約聖書として認めている39の書物に、カトリックは「第二正典」と呼ぶ7つを加えた46の書物を認めています。これは、聖書のどの写本をベースにするか、という違いから生まれた差異です。旧約聖書を構成する書物が異なるため、カトリックとプロテスタントのどちらのスタンスに立つかで、選ぶべき日本語訳聖書が変わってきます。もちろん、聖書を読んだことがない時点では、どちらか片方のスタンスに立つのは難しいはずなので、最初は、カトリックとプロテスタントが合同で翻訳した聖書を選ばれるのが無難です。まずはYouVersionなどの無料アプリで試し読みされてから紙の聖書を購入されれば、間違いないでしょう。大型本と携帯版などサイズが複数あるケースも多いので、オンラインで注文される際は、ご注意ください。ご購入前に書店で現物を確認できればベストです。

現在入手しやすい聖書としては、以下が主要なものです。

- **『聖書協会共同訳聖書』（日本聖書協会刊）**

カトリックとプロテスタントが協力して、31年ぶりにゼロから翻訳し直したバージョンです。２０１８年に刊行されました。２０２１年現在、日本では最新の聖書です。「旧約聖書続編つき」がカトリック向けで、続編なしはプロテスタント向けです。

- **『新共同訳聖書』（日本聖書協会刊）**

カトリックとプロテスタントが協力した初めての聖書として１９８７年に刊行され、日本でいちばん広く読まれている聖書です。これも「旧約聖書続編」の有無を選べます。

・『フランシスコ会訳聖書』（サンパウロ刊）

カトリック修道会のひとつ、フランシスコ会の聖書研究所によって翻訳された聖書ですので、カトリック向けです。1958年から分冊版で刊行開始され、ようやく1冊にまとまったのは2011年です。詳細な註釈がついている数少ない聖書のひとつで、筆者は、紙の聖書の中では、このフランシスコ会訳をいちばん重宝しています。

・『バルバロ訳聖書』（講談社刊）

カトリックの宣教師として来日した故フェデリコ・バルバロ神父が17年の歳月をかけて翻訳し、1964年に初版を、1980年に改訂版を刊行した聖書です。フランシスコ会訳と同様に詳細な註釈があり勉強になりますが、人物、地名、書名などが独自の訳語なので、聖書知識がまったくない方には、少し難しく感じられるかもしれません。

・『新改訳聖書』（いのちのことば社刊）

カトリックの第二正典を含まない、プロテスタントの方向けの聖書です。差別語などを見直した改訂版が何度か刊行され、最新版は２０１７年に出ています。プロテスタントのスタンスが定まっている方には、この新改訳をオススメします。

・『リビングバイブル』（いのちのことば社刊）

聖書の難解な文章を、可能な限り平易《へいい》に訳した聖書です。１９７１年にアメリカで刊行され、日本語版は１９７８年に刊行されました。原文のニュアンスから離れて意訳しすぎだと指摘されることもありますが、内容のわかりやすさは申しぶんありません。

ほかにも、口語訳、文語訳、個人の訳、方言での訳など、さまざまな翻訳が出ています。また、註釈があったほうが嬉しいという方には、重要な箇所に解説が添えられているスタディ・バイブルが何冊か日本語でも入手可能ですし、英語と日本語を併記しているバイリンガル・バイブルも、いくつか出ています。

なお、筆者がふだん、おもに使用している英語訳聖書は、アメリカのカトリック教会が典礼で使用するNew American Bible Revised EditionとCatholic Public Domain Versionですが、プロテスタント向けのNew International VersionとEnglish Standard Version、New King James Versionも学習初期から使用しています（筆者は紙の聖書も併用していますが、これらの英語訳聖書は、YouVersionアプリでは、すべて無料で利用できます。英語で聖書を読んでみたい、という方は、ぜひご活用ください）。

聖書に慣れてきた方は、ぜひ、いろいろと試してみてください。

あとがき

1冊の本との出逢いが読者の人生を変えることは珍しくありませんが、人類史上最大のベストセラーであるという事実が示す通り、聖書ほど全世界で無数の人生を変え続けてきた本は、ほかに見つけられないでしょう。筆者自身、いくつかの素晴らしい本に出逢い、何度か人生の流れが変わりました。そんな中でも、聖書ほど決定的に自分の人生を変えてくれた本はありませんし、今後もないと思っています。

まえがきでも少し触れたように、筆者が聖書を読み始めるようになったきっかけは、日本初のキリシタン大名・大村純忠《おおむらすみただ》の小説執筆を長崎県大村市の方々から依頼されて、純忠と同時代の宣教師ルイス・フロイスの小説も同時に書くと決意した2009年のことでした。その時点での聖書知識は、ほぼゼロで、最初の数年間は、何度トライしても、うまく読みこなせませんでした。それでも、聖書ガイド本を片っ端から入手して順番に読みながら参照しているうちに、少しずつ聖書を理解するのに必要な基礎知識のベースが形成されていたのか、２０１６年１月１日を境に、不思議なほど自然に内容があたまに入ってくるようになりました。２０１５年末に前述した小説２作の取材旅行でスペインとポルトガルのカトリック教会をいくつも訪れたことも、影響したのかもしれません。以後は毎日、聖書を何時間でも苦もなく読み続けられるようになり、現在は日本語でも英語でも複数バージョンを何度も通読しており、今後も死ぬまで毎日聖書を読み返し続けることは、まえがきでも書いた通りです。

登山家ジョージ・マロリーの「なぜ山に登るのか？　そこに山があるからだ」という名言になぞらえるなら、「なぜ聖書を読むのか？　そこに聖書があるからだ」と言えるでしょうか。読書を登山にたとえるなら、「究極の本」である聖書の精読による通読を試みることは、まさにエベレスト登頂のような最高レベルの難事業であり、だからこそ通読し終えた時には、日常生活ではなかなか体験できない達成感を味わえます。登山がそうであるように、ひとたび聖書の魅力に惚《ほ》れ込んだ者は、生涯の伴侶《はんりょ》のように、２度と分かたれることはないでしょう。

村上春樹さんの国民的ベストセラー『ノルウェイの森』には、「俺は時の洗礼を受けていないものを読んで貴重な時間を無駄に費やしたくないんだ。人生は短い」という有名なセリフが出てきます。2021年9月に作家デビュー25周年を迎えた筆者は、「時の洗礼」を乗り越えられる作品をつくる難しさを、これまで四半世紀に及ぶ執筆経験から身に染みて実感しています。だからこそ、2000年以上もの「時の洗礼」を乗り越えて、その間、常に人類最大のベストセラーであり続けている聖書は、その事実ひとつだけでも、畏敬《いけい》の念を抱かずにはいられません。

本書のまえがきで書いた、旧約聖書で提示される「世界のありとあらゆる謎」のうち、イエス・キリストを巡る中心的な事件については新約聖書で確かに解き明かされているのですが、それは、聖書全体に隠された無数のミステリーの中では氷山の一角に過ぎません。これまでの2000年間、各時代の人類最高レベルの天才たちが人生を懸けて謎解きに挑み続けてきたものの、いまだ片鱗《へんりん》しか解き明かされていないのが、聖書の謎の恐ろしいほどの巨大さと深さです。過去に書かれた有名な研究書を仮にすべて読破したとしても、聖書の謎をすべて解くことは、だれにもできません。ただ、あらゆる角度から挑み続けることで、謎の中心——この世界の秘密——に少しだけ近づけたような感覚を手に入れることはできます。錯覚かもしれませんが、聖書を通して自分たちの生きるこの世界への理解が深まったと感じる充実感は、確かなものです。聖書に魅せられた者にとって、それは生涯を捧げるに値する、魅惑の果実です。

ちょうど10年前に刊行した、デビュー15周年記念作品『清涼院流水の小説作法』という本で初めて告白したのですが、筆者の家は祖母の代まで、毎年1月10日の「福男選び」の行事が毎年マスメディアに報じられる兵庫県・西宮《にしのみや》神社の宮司の家系でした。祖母が教師の祖父に嫁いだことで西宮神社の家系からは出てしまいましたが、筆者が幼い頃から「神」というものを意識し、デビュー以後、自作でもテーマとして何度も描いてきたことには、そのようなルーツも間違いなく関係しています。30歳を過ぎてからは、神社の宮司の家系である自身の出自をよりいっそう強く意識するようになり、近所の神社に毎日お参りし、伊勢神宮にも毎年お参りしていました。そのように、神道への信仰が１００パーセントであった時に、聖書と出逢ったのです。

毎日聖書を読もうとしながら、当初なかなか読みこなせなかったのは、毎日神社にお参りしていたことが無関係ではないと、自分でもわかっていました。実際、聖書を読み始めてからも、最初の数年間は依然として神道への信仰が揺るぎないものだったのです。だからこそ聖書の世界に入り込めなかった、という面はあるはずです。それでも、数年間の学習で基礎ができあがっていた時期に前述の取材旅行でスペインとポルトガルを訪れたことが決定打となったのか、2016年1月1日以降は、毎日苦もなく聖書を読み進められるようになり、それに伴い、自分の中で、神道への強固な信仰が少しずつキリスト教に置き換えられていくのがわかりました。聖書研究に魅せられたことが出発点でしたので、最初は聖書重視のプロテスタント寄りのスタンスでしたが、3年にわたる模索の末にカトリックの道を選び、2018年のクリスマスから地元・品川のカトリック高輪《たかなわ》教会に通い始め、コロナ禍中の2020年7月20日に同教会で受洗し、クリスチャン（カトリック信徒）となるに至りました。今では当然ながらキリスト教カトリックへの信仰が100パーセントであると迷いなく言えるのですが、数年前の自分をふり返ると、これは奇跡が起きたのに近いほどの大変化です。

ただ、奇跡のひとことで片づけて終わりにするのではなく、このように大きな変化を遂げたことを現実のロジックで解釈してみた時、思い当たることもあります。幼い頃から「神」を意識し続けてきた筆者は、それは当然、自身の出自に関係ある神道の「神」だと思い込んでいたのですが、より根本的な影響を受けていたのは、最初から実はキリスト教の「神」であった、という事実に思い至ったのです。

筆者は三人兄弟の末っ子ですが、筆者が幼稚園に入る直前に家族が引っ越した影響で、兄弟でただひとり、筆者だけが新居の近所にあるキリスト教系の幼稚園に通うことになりました。それが原点であり、すべてであった、と、今では実感しています。キリスト教系の幼稚園では、イエス・キリストの誕生を描いた劇を幼児たちが演じる、「聖劇」が行われることが一般的です。筆者も幼稚園の聖劇に参加したのですが、筆者に与えられたのは人物の役ではなく、ストーリーを説明する「語り部《べ》」でした。当時の筆者は、ストーリーを説明する、というだけの自分の役割に、正直、不満も覚えたものですが、作家25周年を迎える今になってふり返ると、あの時から「語り部」として生きることが約束されていたかのように思えてなりません。単なる偶然と言ってしまえばそれまでですが、筆者が幼稚園の時に「語り部」の役を振られたことは変えられない現実ですので、それは自分にとっては背負って歩くことが宿命づけられた十字架でもあります。

駄文が長くなりましたが、筆者の作家デビュー25周年記念作品となった本書は、紙の本としては、ちょうど80作目の大きな節目でもあります。筆者が尊敬するカトリック作家の故・犬養《いぬかい》道子先生が、実は自分と同じカトリック高輪教会の所属で、筆者が教会に通い始める少し前に帰天されていたと知った時には本当に驚きました。現在、日本には960のカトリック教会がありますが、自分がいちばん尊敬するカトリック作家と、たまたま同じ教会の所属になる、というのは、偶然にしては、できすぎた巡り逢わせでした。まさか犬養先生が近所の教会に通われていたとは、夢にも思わなかったのです。

今後の清涼院流水は、カトリック作家として、どのような道を歩むことになるのか。目の前の風景は、今はまだ未来を隠す神秘の霧に覆われています。それでも、水の流れが決して逆行することのないように、生きている限り、このカトリック信仰の道を歩きながら、いつか力尽きるその時まで、自分にできるベストの表現を模索し続けたい、と願っています。

末筆になりましたが、本書の企画が生まれる直接的なきっかけをつくってくださった幻冬舎の茅原秀行さんと、本書の実現にご尽力いただいた朝日新聞出版の齋藤太郎さん、いつもお世話になっている著者仲間の藤枝暁生さんに、特に記して御礼申し上げます。
また、本書の企画段階からさまざまな形で相談に乗ってくださり多くのご助言をくださった来住英俊神父様、イベントで共演し筆者がカトリックの道に進む背中を押してくださった聖心女子大学学長の髙祖敏明神父様、いつも至らぬ筆者に懇切丁寧にご指導いただいている赤岩聰神父様と、最初に道をつくってくださった古郡忠夫神父様、そして、いつもお世話になっているカトリック高輪教会の親愛なる兄弟姉妹への感謝を、ここに記して心より御礼申し上げます。神様の平和が、いつも皆様とともにありますように。

２０２１年９月５日　作家デビュー25周年の記念日に

清涼院流水　拝

清涼院流水　せいりょういん・りゅうすい
1974年、兵庫県生まれ。作家。英訳者。「The BBB（作家の英語圏進出プロジェクト）」編集長。京都大学在学中、『コズミック』（講談社）で第２回メフィスト賞を受賞。以後、著作多数。TOEICテストで満点を５回獲得。「社会人英語部」では部員のTOEIC平均スコアを900点台に導く。2020年７月20日に受洗し、カトリック信徒となる。

朝日新書
842

どろどろの聖書《せいしょ》

2021年11月30日第１刷発行

著　者　清涼院流水

発行者　三宮博信
カバーデザイン　アンスガー・フォルマー　田嶋佳子
印刷所　凸版印刷株式会社
発行所　朝日新聞出版
〒104-8011　東京都中央区築地5-3-2
電話　03-5541-8832（編集）
03-5540-7793（販売）

Published in Japan by Asahi Shimbun Publications Inc.
ISBN 978-4-02-295148-9
定価はカバーに表示してあります。

落丁・乱丁の場合は弊社業務部（電話03-5540-7800）へご連絡ください。
送料弊社負担にてお取り替えいたします。

朝日新書

60歳からの教科書
お金・家族・死のルール

藤原和博

60歳は第二の成人式。人生100年時代の成熟社会をとことん自分らしく生き抜くためのルールとは？〈お金〉〈家族〉〈死〉〈自立貢献〉そして〈希少性〉をテーマに、掛け算やベクトルの和の法則から人生のコツを説く、フジハラ式大人の教科書。

頼朝の武士団
鎌倉殿・御家人たちと本拠地「鎌倉」

細川重男

実は〝情に厚い〟親分肌で仲間を増やし、日本史上・空前絶後の万馬券〝平家打倒〟に命を賭けた源頼朝、北条家のミソッカスなのに、仁義なき流血抗争を生き抜いた北条義時、二人の真実が解き明かされる、2022年NHK大河ドラマ「鎌倉殿の13人」必読書。

どろどろの聖書

清涼院流水

「世界一の教典」は、どろどろの愛憎劇だった!? 今、世界を理解するために必要な教養としての聖書、超入門編。ダビデ、ソロモン、モーセ、キリスト……誰もが知っている人物の人間ドラマを読み進めるうちに聖書がわかる！　カトリック司祭 来住英俊さんご推薦。

京大というジャングルでゴリラ学者が考えたこと

山極寿一

ゴリラ学者が思いがけず京大総長となった。世界は答えのない問いに満ちている。自分の立てた問いへの答えを探す手伝いをするのが大学で、教育とは「見返りを求めない贈与、究極のお節介」。いまこそジャングルの多様性にこそ学ぶべきだ。学びと人生を見つめ直す深い考察。